— 24 —

职业病防治法

全国职工“七五”普法
简明读本

本书编写组◎编

中国工人出版社

图书在版编目（CIP）数据

职业病防治法 /《职业病防治法》编写组编. —北京：中国工人出版社，2016.4
（全国职工“七五”普法简明读本）
ISBN 978-7-5008-6353-3

Ⅰ.①职… Ⅱ.①职… Ⅲ.①职业病防治法—基本知识—中国
Ⅳ.①D922.54

中国版本图书馆CIP数据核字（2016）第069104号

职业病防治法

出 版 人　芮宗金
责任编辑　吕　静
责任校对　孙逦伟
责任印制　栾征宇
出版发行　中国工人出版社
地　　址　北京市东城区鼓楼外大街45号 邮编：100120
网　　址　http://www.wp-china.com
电　　话　（010）62350006（总编室）
　　　　　（010）62005039（出版物流部）
　　　　　（010）82075935（工会与劳动关系分社）
发行热线　（010）62004002
　　　　　（010）82081553（传真）
经　　销　各地书店
印　　刷　三河市万龙印装有限公司
开　　本　850毫米×1168毫米　1/32
印　　张　3.25
字　　数　70千字
版　　次　2016年7月第1版　2019年11月第4次印刷
定　　价　15.00元

编者的话

党的十八大以来，以习近平同志为核心的党中央对全面依法治国作出了重要部署，对法治宣传教育提出了新的更高要求，明确了法治宣传教育的基本定位、重大任务和重要措施，为深入开展法治宣传教育指明了方向。

2016年是“十三五”规划的开局之年，也是国家“七五”普法规划实施的启动年。为了进一步推动国家“七五”普法工作，结合全国工会系统开展“七五”普法宣传，针对广大职工群众的需求，我社策划出版了《全国职工“七五”普法简明读本》丛书（共26册）。本丛书共分为两大系列：一是介绍了与职工基本权益相关的综合性法律知识；二是解读了与职工劳动权益相关的劳动法律知识。在内容构成上，以法律文本为主线，设置了“职工权益导读”板块，通俗地解答了与职工权益相关的问题，并附录了相关法律文书，方便职工参考使用。

希望这套丛书的出版，能够帮助广大职工了解、掌握一些必备的法律常识，增强法治观念，提高法律素养，同时对工会发挥组织职工、引导职工、服务职工、维护职工合法权益方面起到积极的作用。

目 录 Contents

中华人民共和国职业病防治法

（2001年10月27日第九届全国人民代表大会常务委员会第二十四次会议通过　根据2011年12月31日第十一届全国人民代表大会常务委员会第二十四次会议《关于修改〈中华人民共和国职业病防治法〉的决定》第一次修正　根据2016年7月2日第十二届全国人民代表大会常务委员会第二十一次会议《关于修改〈中华人民共和国节约能源法〉等六部法律的决定》第二次修正　根据2017年11月4日第十二届全国人民代表大会常务委员会第三十次会议《关于修改〈中华人民共和国会计法〉等十一部法律的决定》第三次修正）

第一章　总　则

第一条　为了预防、控制和消除职业病危害，防治职业病，保护劳动者健康及其相关权益，促进经济社会发展，根据宪法，制定本法。

第二条　本法适用于中华人民共和国领域内的职业病防治活动。

本法所称职业病，是指企业、事业单位和个体经济组织等用人单位的劳动者在职业活动中，因接触粉尘、放射性物质和其他有毒、有害因素而引起的疾病。

职业病的分类和目录由国务院卫生行政部门会同国务院安全生产监督管理部门、劳动保障行政部门制定、调整并公布。

第三条 职业病防治工作坚持预防为主、防治结合的方针，建立用人单位负责、行政机关监管、行业自律、职工参与和社会监督的机制，实行分类管理、综合治理。

第四条 劳动者依法享有职业卫生保护的权利。

用人单位应当为劳动者创造符合国家职业卫生标准和卫生要求的工作环境和条件，并采取措施保障劳动者获得职业卫生保护。

工会组织依法对职业病防治工作进行监督，维护劳动者的合法权益。用人单位制定或者修改有关职业病防治的规章制度，应当听取工会组织的意见。

第五条 用人单位应当建立、健全职业病防治责任制，加强对职业病防治的管理，提高职业病防治水平，对本单位产生的职业病危害承担责任。

第六条 用人单位的主要负责人对本单位的职业病防治工作全面负责。

第七条 用人单位必须依法参加工伤保险。

国务院和县级以上地方人民政府劳动保障行政部门应当加强对工伤保险的监督管理，确保劳动者依法享受工伤保险待遇。

第八条 国家鼓励和支持研制、开发、推广、应用有利于职业病防治和保护劳动者健康的新技术、新工艺、新设备、新材料，加强对职业病的机理和发生规律的基础研究，提高职业病防治科学技术水平；积极采用有效的职业病防治技术、工艺、设备、材料；限制使用或者淘汰职业病危害严重的技术、工艺、设备、材料。

国家鼓励和支持职业病医疗康复机构的建设。

第九条 国家实行职业卫生监督制度。

国务院安全生产监督管理部门、卫生行政部门、劳动保障行政部门依照本法和国务院确定的职责，负责全国职业病防治的监督管理工作。国务院有关部门在各自的职责范围内负责职业病防治的有关监督管理工作。

县级以上地方人民政府安全生产监督管理部门、卫生行政部门、劳动保障行政部门依据各自职责，负责本行政区域内职业病防治的监督管理工作。县级以上地方人民政府有关部门在各自的职责范围内负责职业病防治的有关监督管理工作。

县级以上人民政府安全生产监督管理部门、卫生行政部门、劳动保障行政部门（以下统称职业卫生监督管理部门）应当加强沟通，密切配合，按照各自职责分工，依法行使职权，承担责任。

第十条 国务院和县级以上地方人民政府应当制定职业病防治规划，将其纳入国民经济和社会发展计划，并组织实施。

县级以上地方人民政府统一负责、领导、组织、协调本行政区域的职业病防治工作，建立健全职业病防治工作体制、机制，统一领导、指挥职业卫生突发事件应对工作；加强职业病防治能力建设和服务体系建设，完善、落实职业病防治工作责任制。

乡、民族乡、镇的人民政府应当认真执行本法，支持职业卫生监督管理部门依法履行职责。

第十一条 县级以上人民政府职业卫生监督管理部门应当加强对职业病防治的宣传教育，普及职业病防治的知识，增强用人单位的职业病防治观念，提高劳动者的职业健康意识、自我保护意识和行使职业卫生保护权利的能力。

第十二条 有关防治职业病的国家职业卫生标准，由国务院卫生行政部门组织制定并公布。

国务院卫生行政部门应当组织开展重点职业病监测和专项调查，对职业健康风险进行评估，为制定职业卫生标准和职业病防治政策提供科学依据。

县级以上地方人民政府卫生行政部门应当定期对本行政区域的职业病防治情况进行统计和调查分析。

第十三条 任何单位和个人有权对违反本法的行为进行检举和控告。有关部门收到相关的检举和控告后，应当及时处理。

对防治职业病成绩显著的单位和个人，给予奖励。

第二章　前期预防

第十四条　用人单位应当依照法律、法规要求，严格遵守国家职业卫生标准，落实职业病预防措施，从源头上控制和消除职业病危害。

第十五条　产生职业病危害的用人单位的设立除应当符合法律、行政法规规定的设立条件外，其工作场所还应当符合下列职业卫生要求：

（一）职业病危害因素的强度或者浓度符合国家职业卫生标准；

（二）有与职业病危害防护相适应的设施；

（三）生产布局合理，符合有害与无害作业分开的原则；

（四）有配套的更衣间、洗浴间、孕妇休息间等卫生设施；

（五）设备、工具、用具等设施符合保护劳动者生理、心理健康的要求；

（六）法律、行政法规和国务院卫生行政部门、安全生产监督管理部门关于保护劳动者健康的其他要求。

第十六条　国家建立职业病危害项目申报制度。

用人单位工作场所存在职业病目录所列职业病的危害因素的，应当及时、如实向所在地安全生产监督管理部门申报危害项目，接受监督。

职业病危害因素分类目录由国务院卫生行政部门会同国

务院安全生产监督管理部门制定、调整并公布。职业病危害项目申报的具体办法由国务院安全生产监督管理部门制定。

第十七条 新建、扩建、改建建设项目和技术改造、技术引进项目（以下统称建设项目）可能产生职业病危害的，建设单位在可行性论证阶段应当进行职业病危害预评价。

医疗机构建设项目可能产生放射性职业病危害的，建设单位应当向卫生行政部门提交放射性职业病危害预评价报告。卫生行政部门应当自收到预评价报告之日起三十日内，作出审核决定并书面通知建设单位。未提交预评价报告或者预评价报告未经卫生行政部门审核同意的，不得开工建设。

职业病危害预评价报告应当对建设项目可能产生的职业病危害因素及其对工作场所和劳动者健康的影响作出评价，确定危害类别和职业病防护措施。

建设项目职业病危害分类管理办法由国务院安全生产监督管理部门制定。

第十八条 建设项目的职业病防护设施所需费用应当纳入建设项目工程预算，并与主体工程同时设计，同时施工，同时投入生产和使用。

建设项目的职业病防护设施设计应当符合国家职业卫生标准和卫生要求；其中，医疗机构放射性职业病危害严重的建设项目的防护设施设计，应当经卫生行政部门审查同意后，方可施工。

建设项目在竣工验收前，建设单位应当进行职业病危害控制效果评价。

医疗机构可能产生放射性职业病危害的建设项目竣工验收时，其放射性职业病防护设施经卫生行政部门验收合格后，方可投入使用；其他建设项目的职业病防护设施应当由建设单位负责依法组织验收，验收合格后，方可投入生产和使用。安全生产监督管理部门应当加强对建设单位组织的验收活动和验收结果的监督核查。

第十九条 国家对从事放射性、高毒、高危粉尘等作业实行特殊管理。具体管理办法由国务院制定。

第三章 劳动过程中的防护与管理

第二十条 用人单位应当采取下列职业病防治管理措施：

（一）设置或者指定职业卫生管理机构或者组织，配备专职或者兼职的职业卫生管理人员，负责本单位的职业病防治工作；

（二）制定职业病防治计划和实施方案；

（三）建立、健全职业卫生管理制度和操作规程；

（四）建立、健全职业卫生档案和劳动者健康监护档案；

（五）建立、健全工作场所职业病危害因素监测及评价制度；

（六）建立、健全职业病危害事故应急救援预案。

第二十一条 用人单位应当保障职业病防治所需的资金投入，不得挤占、挪用，并对因资金投入不足导致的后果承担责任。

第二十二条 用人单位必须采用有效的职业病防护设施，并为劳动者提供个人使用的职业病防护用品。

用人单位为劳动者个人提供的职业病防护用品必须符合防治职业病的要求；不符合要求的，不得使用。

第二十三条 用人单位应当优先采用有利于防治职业病和保护劳动者健康的新技术、新工艺、新设备、新材料，逐步替代职业病危害严重的技术、工艺、设备、材料。

第二十四条 产生职业病危害的用人单位，应当在醒目位置设置公告栏，公布有关职业病防治的规章制度、操作规程、职业病危害事故应急救援措施和工作场所职业病危害因素检测结果。

对产生严重职业病危害的作业岗位，应当在其醒目位置，设置警示标识和中文警示说明。警示说明应当载明产生职业病危害的种类、后果、预防以及应急救治措施等内容。

第二十五条 对可能发生急性职业损伤的有毒、有害工作场所，用人单位应当设置报警装置，配置现场急救用品、冲洗设备、应急撤离通道和必要的泄险区。

对放射工作场所和放射性同位素的运输、贮存，用人单位必须配置防护设备和报警装置，保证接触放射线的工作人员佩戴个人剂量计。

对职业病防护设备、应急救援设施和个人使用的职业病防护用品，用人单位应当进行经常性的维护、检修，定期检测其性能和效果，确保其处于正常状态，不得擅自拆除或者停止使用。

第二十六条 用人单位应当实施由专人负责的职业病危害因素日常监测，并确保监测系统处于正常运行状态。

用人单位应当按照国务院安全生产监督管理部门的规定，定期对工作场所进行职业病危害因素检测、评价。检测、评价结果存入用人单位职业卫生档案，定期向所在地安全生产监督管理部门报告并向劳动者公布。

职业病危害因素检测、评价由依法设立的取得国务院安全生产监督管理部门或者设区的市级以上地方人民政府安全生产监督管理部门按照职责分工给予资质认可的职业卫生技术服务机构进行。职业卫生技术服务机构所作检测、评价应当客观、真实。

发现工作场所职业病危害因素不符合国家职业卫生标准和卫生要求时，用人单位应当立即采取相应治理措施，仍然达不到国家职业卫生标准和卫生要求的，必须停止存在职业病危害因素的作业；职业病危害因素经治理后，符合国家职业卫生标准和卫生要求的，方可重新作业。

第二十七条 职业卫生技术服务机构依法从事职业病危害因素检测、评价工作，接受安全生产监督管理部门的监督检查。安全生产监督管理部门应当依法履行监督职责。

第二十八条 向用人单位提供可能产生职业病危害的设备的，应当提供中文说明书，并在设备的醒目位置设置警示标识和中文警示说明。警示说明应当载明设备性能、可能产生的职业病危害、安全操作和维护注意事项、职业病防护以及应急救治措施等内容。

第二十九条 向用人单位提供可能产生职业病危害的化学品、放射性同位素和含有放射性物质的材料的，应当提供中文说明书。说明书应当载明产品特性、主要成份、存在的有害因素、可能产生的危害后果、安全使用注意事项、职业病防护以及应急救治措施等内容。产品包装应当有醒目的警示标识和中文警示说明。贮存上述材料的场所应当在规定的部位设置危险物品标识或者放射性警示标识。

国内首次使用或者首次进口与职业病危害有关的化学材料，使用单位或者进口单位按照国家规定经国务院有关部门批准后，应当向国务院卫生行政部门、安全生产监督管理部门报送该化学材料的毒性鉴定以及经有关部门登记注册或者批准进口的文件等资料。

进口放射性同位素、射线装置和含有放射性物质的物品的，按照国家有关规定办理。

第三十条 任何单位和个人不得生产、经营、进口和使用国家明令禁止使用的可能产生职业病危害的设备或者材料。

第三十一条 任何单位和个人不得将产生职业病危害的作业转移给不具备职业病防护条件的单位和个人。不具备职业病防护条件的单位和个人不得接受产生职业病危害的作业。

第三十二条 用人单位对采用的技术、工艺、设备、材料，应当知悉其产生的职业病危害，对有职业病危害的技术、工艺、设备、材料隐瞒其危害而采用的，对所造成的职业病危害后果承担责任。

第三十三条 用人单位与劳动者订立劳动合同（含聘用

合同，下同）时，应当将工作过程中可能产生的职业病危害及其后果、职业病防护措施和待遇等如实告知劳动者，并在劳动合同中写明，不得隐瞒或者欺骗。

劳动者在已订立劳动合同期间因工作岗位或者工作内容变更，从事与所订立劳动合同中未告知的存在职业病危害的作业时，用人单位应当依照前款规定，向劳动者履行如实告知的义务，并协商变更原劳动合同相关条款。

用人单位违反前两款规定的，劳动者有权拒绝从事存在职业病危害的作业，用人单位不得因此解除与劳动者所订立的劳动合同。

第三十四条　用人单位的主要负责人和职业卫生管理人员应当接受职业卫生培训，遵守职业病防治法律、法规，依法组织本单位的职业病防治工作。

用人单位应当对劳动者进行上岗前的职业卫生培训和在岗期间的定期职业卫生培训，普及职业卫生知识，督促劳动者遵守职业病防治法律、法规、规章和操作规程，指导劳动者正确使用职业病防护设备和个人使用的职业病防护用品。

劳动者应当学习和掌握相关的职业卫生知识，增强职业病防范意识，遵守职业病防治法律、法规、规章和操作规程，正确使用、维护职业病防护设备和个人使用的职业病防护用品，发现职业病危害事故隐患应当及时报告。

劳动者不履行前款规定义务的，用人单位应当对其进行教育。

第三十五条　对从事接触职业病危害的作业的劳动者，

用人单位应当按照国务院安全生产监督管理部门、卫生行政部门的规定组织上岗前、在岗期间和离岗时的职业健康检查，并将检查结果书面告知劳动者。职业健康检查费用由用人单位承担。

用人单位不得安排未经上岗前职业健康检查的劳动者从事接触职业病危害的作业；不得安排有职业禁忌的劳动者从事其所禁忌的作业；对在职业健康检查中发现有与所从事的职业相关的健康损害的劳动者，应当调离原工作岗位，并妥善安置；对未进行离岗前职业健康检查的劳动者不得解除或者终止与其订立的劳动合同。

职业健康检查应当由取得《医疗机构执业许可证》的医疗卫生机构承担。卫生行政部门应当加强对职业健康检查工作的规范管理，具体管理办法由国务院卫生行政部门制定。

第三十六条 用人单位应当为劳动者建立职业健康监护档案，并按照规定的期限妥善保存。

职业健康监护档案应当包括劳动者的职业史、职业病危害接触史、职业健康检查结果和职业病诊疗等有关个人健康资料。

劳动者离开用人单位时，有权索取本人职业健康监护档案复印件，用人单位应当如实、无偿提供，并在所提供的复印件上签章。

第三十七条 发生或者可能发生急性职业病危害事故时，用人单位应当立即采取应急救援和控制措施，并及时报告所在地安全生产监督管理部门和有关部门。安全生产监督管理部门接到报告后，应当及时会同有关部门组织调查处理；必要时，可以采取临时控制措施。卫生行政部门应当组织做好医疗救治工作。

对遭受或者可能遭受急性职业病危害的劳动者，用人单位应当及时组织救治、进行健康检查和医学观察，所需费用由用人单位承担。

第三十八条 用人单位不得安排未成年工从事接触职业病危害的作业；不得安排孕期、哺乳期的女职工从事对本人和胎儿、婴儿有危害的作业。

第三十九条 劳动者享有下列职业卫生保护权利：

（一）获得职业卫生教育、培训；

（二）获得职业健康检查、职业病诊疗、康复等职业病防治服务；

（三）了解工作场所产生或者可能产生的职业病危害因素、危害后果和应当采取的职业病防护措施；

（四）要求用人单位提供符合防治职业病要求的职业病防护设施和个人使用的职业病防护用品，改善工作条件；

（五）对违反职业病防治法律、法规以及危及生命健康的行为提出批评、检举和控告；

（六）拒绝违章指挥和强令进行没有职业病防护措施的作业；

（七）参与用人单位职业卫生工作的民主管理，对职业病防治工作提出意见和建议。

用人单位应当保障劳动者行使前款所列权利。因劳动者依法行使正当权利而降低其工资、福利等待遇或者解除、终止与其订立的劳动合同的，其行为无效。

第四十条 工会组织应当督促并协助用人单位开展职业卫生宣传教育和培训，有权对用人单位的职业病防治工作提出意见和建议，依法代表劳动者与用人单位签订劳动安全卫生专项集体合同，与用人单位就劳动者反映的有关职业病防治的问题进行协调并督促解决。

工会组织对用人单位违反职业病防治法律、法规，侵犯劳动者合法权益的行为，有权要求纠正；产生严重职业病危害时，有权要求采取防护措施，或者向政府有关部门建议采取强制性措施；发生职业病危害事故时，有权参与事故调查处理；发现危及劳动者生命健康的情形时，有权向用人单位建议组织劳动者撤离危险现场，用人单位应当立即作出处理。

第四十一条 用人单位按照职业病防治要求，用于预防和治理职业病危害、工作场所卫生检测、健康监护和职业卫生培训等费用，按照国家有关规定，在生产成本中据实列支。

第四十二条 职业卫生监督管理部门应当按照职责分工，加强对用人单位落实职业病防护管理措施情况的监督检查，依法行使职权，承担责任。

第四章 职业病诊断与职业病病人保障

第四十三条 医疗卫生机构承担职业病诊断，应当经省、自治区、直辖市人民政府卫生行政部门批准。省、自治区、直辖市人民政府卫生行政部门应当向社会公布本行政区域内承担职业病诊断的医疗卫生机构的名单。

承担职业病诊断的医疗卫生机构应当具备下列条件：

（一）持有《医疗机构执业许可证》；

（二）具有与开展职业病诊断相适应的医疗卫生技术人员；

（三）具有与开展职业病诊断相适应的仪器、设备；

（四）具有健全的职业病诊断质量管理制度。

承担职业病诊断的医疗卫生机构不得拒绝劳动者进行职业病诊断的要求。

第四十四条　劳动者可以在用人单位所在地、本人户籍所在地或者经常居住地依法承担职业病诊断的医疗卫生机构进行职业病诊断。

第四十五条　职业病诊断标准和职业病诊断、鉴定办法由国务院卫生行政部门制定。职业病伤残等级的鉴定办法由国务院劳动保障行政部门会同国务院卫生行政部门制定。

第四十六条　职业病诊断，应当综合分析下列因素：

（一）病人的职业史；

（二）职业病危害接触史和工作场所职业病危害因素情况；

（三）临床表现以及辅助检查结果等。

没有证据否定职业病危害因素与病人临床表现之间的必然联系的，应当诊断为职业病。

职业病诊断证明书应当由参与诊断的取得职业病诊断资

格的执业医师签署，并经承担职业病诊断的医疗卫生机构审核盖章。

第四十七条 用人单位应当如实提供职业病诊断、鉴定所需的劳动者职业史和职业病危害接触史、工作场所职业病危害因素检测结果等资料；安全生产监督管理部门应当监督检查和督促用人单位提供上述资料；劳动者和有关机构也应当提供与职业病诊断、鉴定有关的资料。

职业病诊断、鉴定机构需要了解工作场所职业病危害因素情况时，可以对工作场所进行现场调查，也可以向安全生产监督管理部门提出，安全生产监督管理部门应当在十日内组织现场调查。用人单位不得拒绝、阻挠。

第四十八条 职业病诊断、鉴定过程中，用人单位不提供工作场所职业病危害因素检测结果等资料的，诊断、鉴定机构应当结合劳动者的临床表现、辅助检查结果和劳动者的职业史、职业病危害接触史，并参考劳动者的自述、安全生产监督管理部门提供的日常监督检查信息等，作出职业病诊断、鉴定结论。

劳动者对用人单位提供的工作场所职业病危害因素检测结果等资料有异议，或者因劳动者的用人单位解散、破产，无用人单位提供上述资料的，诊断、鉴定机构应当提请安全生产监督管理部门进行调查，安全生产监督管理部门应当自接到申请之日起三十日内对存在异议的资料或者工作场所职业病危害因素情况作出判定；有关部门应当配合。

第四十九条 职业病诊断、鉴定过程中，在确认劳动者职业史、职业病危害接触史时，当事人对劳动关系、工种、工作岗位或者在岗时间有争议的，可以向当地的劳动人事争议仲裁委员会申请仲裁；接到申请的劳动人事争议仲裁委员会应当受理，并在三十日内作出裁决。

当事人在仲裁过程中对自己提出的主张，有责任提供证据。劳动者无法提供由用人单位掌握管理的与仲裁主张有关的证据的，仲裁庭应当要求用人单位在指定期限内提供；用人单位在指定期限内不提供的，应当承担不利后果。

劳动者对仲裁裁决不服的，可以依法向人民法院提起诉讼。

用人单位对仲裁裁决不服的，可以在职业病诊断、鉴定程序结束之日起十五日内依法向人民法院提起诉讼；诉讼期间，劳动者的治疗费用按照职业病待遇规定的途径支付。

第五十条　用人单位和医疗卫生机构发现职业病病人或者疑似职业病病人时，应当及时向所在地卫生行政部门和安全生产监督管理部门报告。确诊为职业病的，用人单位还应当向所在地劳动保障行政部门报告。接到报告的部门应当依法作出处理。

第五十一条　县级以上地方人民政府卫生行政部门负责本行政区域内的职业病统计报告的管理工作，并按照规定上报。

第五十二条　当事人对职业病诊断有异议的，可以向作出诊断的医疗卫生机构所在地地方人民政府卫生行政部门申请鉴定。

职业病诊断争议由设区的市级以上地方人民政府卫生行政部门根据当事人的申请，组织职业病诊断鉴定委员会进行鉴定。

当事人对设区的市级职业病诊断鉴定委员会的鉴定结论不服的，可以向省、自治区、直辖市人民政府卫生行政部门申请再鉴定。

第五十三条 职业病诊断鉴定委员会由相关专业的专家组成。

省、自治区、直辖市人民政府卫生行政部门应当设立相关的专家库，需要对职业病争议作出诊断鉴定时，由当事人或者当事人委托有关卫生行政部门从专家库中以随机抽取的方式确定参加诊断鉴定委员会的专家。

职业病诊断鉴定委员会应当按照国务院卫生行政部门颁布的职业病诊断标准和职业病诊断、鉴定办法进行职业病诊断鉴定，向当事人出具职业病诊断鉴定书。职业病诊断、鉴定费用由用人单位承担。

第五十四条 职业病诊断鉴定委员会组成人员应当遵守职业道德，客观、公正地进行诊断鉴定，并承担相应的责任。职业病诊断鉴定委员会组成人员不得私下接触当事人，不得收受当事人的财物或者其他好处，与当事人有利害关系的，应当回避。

人民法院受理有关案件需要进行职业病鉴定时，应当从省、自治区、直辖市人民政府卫生行政部门依法设立的相关的专家库中选取参加鉴定的专家。

第五十五条 医疗卫生机构发现疑似职业病病人时，应当告知劳动者本人并及时通知用人单位。

用人单位应当及时安排对疑似职业病病人进行诊断；在疑似职业病病人诊断或者医学观察期间，不得解除或者终止与其订立的劳动合同。

疑似职业病病人在诊断、医学观察期间的费用，由用人单位承担。

第五十六条 用人单位应当保障职业病病人依法享受国家规定的职业病待遇。

用人单位应当按照国家有关规定，安排职业病病人进行治疗、康复和定期检查。

用人单位对不适宜继续从事原工作的职业病病人，应当调离原岗位，并妥善安置。

用人单位对从事接触职业病危害的作业的劳动者，应当给予适当岗位津贴。

第五十七条 职业病病人的诊疗、康复费用，伤残以及丧失劳动能力的职业病病人的社会保障，按照国家有关工伤保险的规定执行。

第五十八条 职业病病人除依法享有工伤保险外，依照有关民事法律，尚有获得赔偿的权利的，有权向用人单位提出赔偿要求。

第五十九条 劳动者被诊断患有职业病，但用人单位没有依法参加工伤保险的，其医疗和生活保障由该用人单位承担。

第六十条 职业病病人变动工作单位，其依法享有的待遇不变。

用人单位在发生分立、合并、解散、破产等情形时，应当对从事接触职业病危害的作业的劳动者进行健康检查，并按照国家有关规定妥善安置职业病病人。

第六十一条 用人单位已经不存在或者无法确认劳动关系的职业病病人，可以向地方人民政府民政部门申请医疗救助和生活等方面的救助。

地方各级人民政府应当根据本地区的实际情况，采取其他措施，使前款规定的职业病病人获得医疗救治。

第五章 监督检查

第六十二条 县级以上人民政府职业卫生监督管理部门依照职业病防治法律、法规、国家职业卫生标准和卫生要求，依据职责划分，对职业病防治工作进行监督检查。

第六十三条 安全生产监督管理部门履行监督检查职责时，有权采取下列措施：

（一）进入被检查单位和职业病危害现场，了解情况，调查取证；

（二）查阅或者复制与违反职业病防治法律、法规的行为有关的资料和采集样品；

（三）责令违反职业病防治法律、法规的单位和个人停止违法行为。

第六十四条 发生职业病危害事故或者有证据证明危害

状态可能导致职业病危害事故发生时，安全生产监督管理部门可以采取下列临时控制措施：

（一）责令暂停导致职业病危害事故的作业；

（二）封存造成职业病危害事故或者可能导致职业病危害事故发生的材料和设备；

（三）组织控制职业病危害事故现场。

在职业病危害事故或者危害状态得到有效控制后，安全生产监督管理部门应当及时解除控制措施。

第六十五条 职业卫生监督执法人员依法执行职务时，应当出示监督执法证件。

职业卫生监督执法人员应当忠于职守，秉公执法，严格遵守执法规范；涉及用人单位的秘密的，应当为其保密。

第六十六条 职业卫生监督执法人员依法执行职务时，被检查单位应当接受检查并予以支持配合，不得拒绝和阻碍。

第六十七条 卫生行政部门、安全生产监督管理部门及其职业卫生监督执法人员履行职责时，不得有下列行为：

（一）对不符合法定条件的，发给建设项目有关证明文件、资质证明文件或者予以批准；

（二）对已经取得有关证明文件的，不履行监督检查职责；

（三）发现用人单位存在职业病危害的，可能造成职业病危害事故，不及时依法采取控制措施；

（四）其他违反本法的行为。

第六十八条 职业卫生监督执法人员应当依法经过资格

认定。

职业卫生监督管理部门应当加强队伍建设，提高职业卫生监督执法人员的政治、业务素质，依照本法和其他有关法律、法规的规定，建立、健全内部监督制度，对其工作人员执行法律、法规和遵守纪律的情况，进行监督检查。

第六章　法律责任

第六十九条　建设单位违反本法规定，有下列行为之一的，由安全生产监督管理部门和卫生行政部门依据职责分工给予警告，责令限期改正；逾期不改正的，处十万元以上五十万元以下的罚款；情节严重的，责令停止产生职业病危害的作业，或者提请有关人民政府按照国务院规定的权限责令停建、关闭：

（一）未按照规定进行职业病危害预评价的；

（二）医疗机构可能产生放射性职业病危害的建设项目未按照规定提交放射性职业病危害预评价报告，或者放射性职业病危害预评价报告未经卫生行政部门审核同意，开工建设的；

（三）建设项目的职业病防护设施未按照规定与主体工程同时设计、同时施工、同时投入生产和使用的；

（四）建设项目的职业病防护设施设计不符合国家职业卫生标准和卫生要求，或者医疗机构放射性职业病危害严重的建设项目的防护设施设计未经卫生行政部门审查同意擅自施工的；

（五）未按照规定对职业病防护设施进行职业病危害控制效果评价的；

（六）建设项目竣工投入生产和使用前，职业病防护设施未按照规定验收合格的。

第七十条 违反本法规定，有下列行为之一的，由安全生产监督管理部门给予警告，责令限期改正；逾期不改正的，处十万元以下的罚款：

（一）工作场所职业病危害因素检测、评价结果没有存档、上报、公布的；

（二）未采取本法第二十条规定的职业病防治管理措施的；

（三）未按照规定公布有关职业病防治的规章制度、操作规程、职业病危害事故应急救援措施的；

（四）未按照规定组织劳动者进行职业卫生培训，或者未对劳动者个人职业病防护采取指导、督促措施的；

（五）国内首次使用或者首次进口与职业病危害有关的化学材料，未按照规定报送毒性鉴定资料以及经有关部门登记注册或者批准进口的文件的。

第七十一条 用人单位违反本法规定，有下列行为之一的，由安全生产监督管理部门责令限期改正，给予警告，可以并处五万元以上十万元以下的罚款：

（一）未按照规定及时、如实向安全生产监督管理部门申报产生职业病危害的项目的；

（二）未实施由专人负责的职业病危害因素日常监测，或者监测系统不能正常监测的；

（三）订立或者变更劳动合同时，未告知劳动者职业病危害真实情况的；

（四）未按照规定组织职业健康检查、建立职业健康监护档案或者未将检查结果书面告知劳动者的；

（五）未依照本法规定在劳动者离开用人单位时提供职业健康监护档案复印件的。

第七十二条 用人单位违反本法规定，有下列行为之一的，由安全生产监督管理部门给予警告，责令限期改正，逾期不改正的，处五万元以上二十万元以下的罚款；情节严重的，责令停止产生职业病危害的作业，或者提请有关人民政府按照国务院规定的权限责令关闭：

（一）工作场所职业病危害因素的强度或者浓度超过国家职业卫生标准的；

（二）未提供职业病防护设施和个人使用的职业病防护用品，或者提供的职业病防护设施和个人使用的职业病防护用品不符合国家职业卫生标准和卫生要求的；

（三）对职业病防护设备、应急救援设施和个人使用的职业病防护用品未按照规定进行维护、检修、检测，或者不能保持正常运行、使用状态的；

（四）未按照规定对工作场所职业病危害因素进行检测、评价的；

（五）工作场所职业病危害因素经治理仍然达不到国家

职业卫生标准和卫生要求时，未停止存在职业病危害因素的作业的；

（六）未按照规定安排职业病病人、疑似职业病病人进行诊治的；

（七）发生或者可能发生急性职业病危害事故时，未立即采取应急救援和控制措施或者未按照规定及时报告的；

（八）未按照规定在产生严重职业病危害的作业岗位醒目位置设置警示标识和中文警示说明的；

（九）拒绝职业卫生监督管理部门监督检查的；

（十）隐瞒、伪造、篡改、毁损职业健康监护档案、工作场所职业病危害因素检测评价结果等相关资料，或者拒不提供职业病诊断、鉴定所需资料的；

（十一）未按照规定承担职业病诊断、鉴定费用和职业病病人的医疗、生活保障费用的。

第七十三条 向用人单位提供可能产生职业病危害的设备、材料，未按照规定提供中文说明书或者设置警示标识和中文警示说明的，由安全生产监督管理部门责令限期改正，给予警告，并处五万元以上二十万元以下的罚款。

第七十四条 用人单位和医疗卫生机构未按照规定报告职业病、疑似职业病的，由有关主管部门依据职责分工责令限期改正，给予警告，可以并处一万元以下的罚款；弄虚作假的，并处二万元以上五万元以下的罚款；对直接负责的主管人员和其他直接责任人员，可以依法给予降级或者撤职的处分。

第七十五条 违反本法规定，有下列情形之一的，由安全生产监督管理部门责令限期治理，并处五万元以上三十万元以下的罚款；情节严重的，责令停止产生职业病危害的作业，或者提请有关人民政府按照国务院规定的权限责令关闭：

（一）隐瞒技术、工艺、设备、材料所产生的职业病危害而采用的；

（二）隐瞒本单位职业卫生真实情况的；

（三）可能发生急性职业损伤的有毒、有害工作场所、放射工作场所或者放射性同位素的运输、贮存不符合本法第二十五条规定的；

（四）使用国家明令禁止使用的可能产生职业病危害的设备或者材料的；

（五）将产生职业病危害的作业转移给没有职业病防护条件的单位和个人，或者没有职业病防护条件的单位和个人接受产生职业病危害的作业的；

（六）擅自拆除、停止使用职业病防护设备或者应急救援设施的；

（七）安排未经职业健康检查的劳动者、有职业禁忌的劳动者、未成年工或者孕期、哺乳期女职工从事接触职业病危害的作业或者禁忌作业的；

（八）违章指挥和强令劳动者进行没有职业病防护措施的作业的。

第七十六条 生产、经营或者进口国家明令禁止使用的可能产生职业病危害的设备或者材料的，依照有关法律、行政法规的规定给予处罚。

第七十七条 用人单位违反本法规定，已经对劳动者生命健康造成严重损害的，由安全生产监督管理部门责令停止产生职业病危害的作业，或者提请有关人民政府按照国务院规定的权限责令关闭，并处十万元以上五十万元以下的罚款。

第七十八条 用人单位违反本法规定，造成重大职业病危害事故或者其他严重后果，构成犯罪的，对直接负责的主管人员和其他直接责任人员，依法追究刑事责任。

第七十九条 未取得职业卫生技术服务资质认可擅自从事职业卫生技术服务的，或者医疗卫生机构未经批准擅自从事职业病诊断的，由安全生产监督管理部门和卫生行政部门依据职责分工责令立即停止违法行为，没收违法所得；违法所得五千元以上的，并处违法所得二倍以上十倍以下的罚款；没有违法所得或者违法所得不足五千元的，并处五千元以上五万元以下的罚款；情节严重的，对直接负责的主管人员和其他直接责任人员，依法给予降级、撤职或者开除的处分。

第八十条 从事职业卫生技术服务的机构和承担职业病诊断的医疗卫生机构违反本法规定，有下列行为之一的，由安全生产监督管理部门和卫生行政部门依据职责分工责令立即停止违法行为，给予警告，没收违法所得；违法所得五千元以上的，并处违法所得二倍以上五倍以下的罚款；没有违法所得或者违法所得不足五千元的，并处五千元以上二万元以下的罚款；情节严重的，由原认可或者批准机关取消其相应的资格；对直接负责的主管人员和其他直接责任人员，依法给予降级、撤职或者开除的处分；构成犯罪的，依法追究刑事责任：

（一）超出资质认可或者批准范围从事职业卫生技术服务或者职业病诊断的；

（二）不按照本法规定履行法定职责的；

（三）出具虚假证明文件的。

第八十一条 职业病诊断鉴定委员会组成人员收受职业病诊断争议当事人的财物或者其他好处的，给予警告，没收收受的财物，可以并处三千元以上五万元以下的罚款，取消其担任职业病诊断鉴定委员会组成人员的资格，并从省、自治区、直辖市人民政府卫生行政部门设立的专家库中予以除名。

第八十二条 卫生行政部门、安全生产监督管理部门不按照规定报告职业病和职业病危害事故的，由上一级行政部门责令改正，通报批评，给予警告；虚报、瞒报的，对单位负责人、直接负责的主管人员和其他直接责任人员依法给予降级、撤职或者开除的处分。

第八十三条 县级以上地方人民政府在职业病防治工作中未依照本法履行职责，本行政区域出现重大职业病危害事故、造成严重社会影响的，依法对直接负责的主管人员和其他直接责任人员给予记大过直至开除的处分。

县级以上人民政府职业卫生监督管理部门不履行本法规定的职责，滥用职权、玩忽职守、徇私舞弊，依法对直接负责的主管人员和其他直接责任人员给予记大过或者降级的处分；造成职业病危害事故或者其他严重后果的，依法给予撤职或者开除的处分。

第八十四条 违反本法规定，构成犯罪的，依法追究刑事责任。

第七章 附 则

第八十五条 本法下列用语的含义：

职业病危害，是指对从事职业活动的劳动者可能导致职业病的各种危害。职业病危害因素包括：职业活动中存在的各种有害的化学、物理、生物因素以及在作业过程中产生的其他职业有害因素。

职业禁忌，是指劳动者从事特定职业或者接触特定职业病危害因素时，比一般职业人群更易于遭受职业病危害和罹患职业病或者可能导致原有自身疾病病情加重，或者在从事作业过程中诱发可能导致对他人生命健康构成危险的疾病的个人特殊生理或者病理状态。

第八十六条 本法第二条规定的用人单位以外的单位，产生职业病危害的，其职业病防治活动可以参照本法执行。

劳务派遣用工单位应当履行本法规定的用人单位的义务。

中国人民解放军参照执行本法的办法，由国务院、中央军事委员会制定。

第八十七条 对医疗机构放射性职业病危害控制的监督管理，由卫生行政部门依照本法的规定实施。

第八十八条 本法自2002年5月1日起施行。

职工权益导读

1. 什么是职业病防治法？

职业病防治法是规范职业卫生工作的规范性文件的总称，它在预防、控制和消除职业病危害，保障劳动者生命安全和身体健康，规范用人单位进行职业卫生管理活动，明确各级人民政府及其有关部门进行职业卫生监管和行政执法的职责，促进经济社会发展中起到重要的作用。这是广义上职业病防治法的含义。狭义上的职业病防治法仅指2001年10月27日由第九届全国人民代表大会常务委员会第二十四次会议通过的《中华人民共和国职业病防治法》（以下简称《职业病防治法》），该法于2002年5月1日开始实施，并于2011年12月31日由第十一届全国人民代表大会常务委员会第二十四次会议进行了修改。修改后的《职业病防治法》进一步强化了用人单位在职业病诊断中的责任，增加了关于职业病诊断所需资料的获取、争议解决途径等规定，有针对性地解决劳动者在职业病诊断中可能遇到的困难，并通过制度设置向保护劳动者权益倾斜。

2.《职业病防治法》的适用范围有哪些？

《职业病防治法》适用于中华人民共和国领域内的职业病防治活动。职业病防治中的“用人单位”，主要是指我国领域内的企业、事业单位、个体经济组织，以及劳务派遣用人单位。本法采用属地原则，只要在中华人民共和国领域内（香港、澳门特别行政区除外），对中国人和外国人同样适用。

3. 什么是职业病？什么是职业病危害？

《职业病防治法》第二条规定，本法所称职业病，是指企业、事业单位和个体经济组织等用人单位的劳动者在职业活动中，因接触粉尘、放射性物质和其他有毒、有害因素而引起的疾病。根据这一规定，职业病应具备两个条件：（1）必须经过诊断的程序确认（确诊）的所得疾病。（2）必须是国家公布的《职业病目录》确定的疾病。劳动者所患疾病不具备这两个条件的，就不是职业病。

根据《职业病防治法》第八十七条规定，职业病危害，是指对从事职业活动的劳动者可能导致职业病的各种危害。职业病危害因素包括：职业活动中存在的各种有害的化学、物理、生物因素以及在作业过程中产生的其他职业有害因素。

具体确定哪些因素可能导致职业病危害，由国务院卫生行政部门会同国务院安全生产监督管理部门制定、调整并公布。

4. 职业病防治工作的基本方针是什么？

我国职业病防治工作坚持“预防为主、防治结合”的方针，建立用人单位负责、行政机关监管、行业自律、职工参与和社会监督的机制，实施分类管理、综合治理。在职业病防治工作中，预防是前提和基础，许多职业病是可以通过预防来减少劳动者患病几率的。对此，要建立以下工作机制：

（1）用人单位负责。就是要认真落实预防、控制措施，加强职业健康管理和职业病人救治，切实贯彻职业病防治法的要求。

（2）行政部门监管。就是职业卫生监督部门要按照职责分工，依法履行职业卫生监管职责。

（3）行业自律。就是通过行业规范约束用人单位的行为，根据本单位实际建立职业病防治工作制度，自觉开展职业病防治工作。

（4）职工参与和社会监督。职工有权对违反职业病防治法及危及生命健康的行为提出批评、检举和控告。任何单位和个人有权对职业病防治工作进行监督，以保障职业病防治法的有效实施。

5. 我国法定的职业病包括哪些?

根据2002年4月18日由卫生部、劳动和社会保障部发布的《职业病目录》，我国现有法定职业病包括尘肺病、职业性放射性疾病、职业中毒、物理因素所致职业病、生物因素所致职业病、职业性皮肤病、职业性眼病、职业性耳鼻喉口腔疾病、职业性肿瘤、其他职业病等10大类115个小类。

6. 劳动者依法享有哪些职业卫生权利?

职业卫生权利，亦称劳动保护权，是指劳动者在职业劳动中人身安全和身心健康获得保障，从而免遭职业危害的权利。职业卫生权利的基础是人的生命和健康，因而它是最基本人权的体现。

根据《职业病防治法》第四条的规定，劳动者依法享有职业卫生保护的权利。第四十条进一步明确了劳动者享有的七项权利：

（1）获得职业卫生教育、培训。

（2）获得职业健康检查、职业病诊疗、康复等职业病防治服务。

（3）了解工伤场所产生或者可能产生的职业病危害因素、危害后果和应当采取的职业病防护措施。

(4) 要求用人单位提供符合防治职业病要求的职业病防护设施和个人使用的职业病防护用品，改善工作条件。

(5) 对违反职业病防治法律、法规以及危及生命健康的行为提出批评、检举和控告。

(6) 拒绝违章指挥和强令进行没有职业病防护措施的作业。

(7) 参与用人单位职业卫生工作的民主管理，对职业病防治工作提出意见和建议。

用人单位应当保障劳动者行使上述权利。因劳动者依法行使正当权利而降低其工资、福利等待遇或者解除、终止与其订立的劳动合同的，用人单位的行为无效。

7. 用人单位在职业病防治中有哪些最基本的责任？

《职业病防治法》第五条、第六条、第七条规定了职业病防治的主体——用人单位应承担的基本责任：

(1) 建立、健全职业病防治责任制，将防治责任层层落实；加强对职业病防治的管理，建章立制，完善操作规程，并从人力和物力上保障职业病防治工作的进行；提高职业病防治水平，加强对劳动者进行职业病防治意识的培训，配备专职或兼职职业病防治管理人员，不断改进职业病防治技术，确保职业病防治工作落到实处。

（2）用人单位的主要负责人对本单位的职业病防治工作全面负责。

（3）用人单位必须参加工伤保险。工伤保险是职工应当享有的基本权利。我国实行工伤保险的目的，在于保障工伤职工的医疗以及其基本生活、伤残抚恤和遗属抚恤，在一定程度上解除职工及其家属的后顾之忧。工伤保险不仅有利于保障职业病病人的合法权益，同时也分担了用人单位的风险。为确保劳动者依法享受工伤保险待遇，法律明确规定由各级劳动保障行政部门负责对用人单位参加工伤保险进行监督管理。

8. 产生职业病危害的用人单位，其工作场所应当符合哪些要求?

工作场所是指劳动者从事工作的各种环境，它的安全与否事关劳动者的生命和健康。因此，《职业病防治法》第十五条规定了产生职业病危害的用人单位的设立除应当符合法律、行政法规规定的设立条件外，其工作场所还应当符合下列职业卫生要求:

（1）职业病危害因素的强度或者浓度符合国家职业卫生标准。如制鞋厂的涂胶车间，空气中苯的时间加权平均容许浓度不能超过 6mg/m^3，短时间（15 分钟）接触容许浓度不能超过 10mg/m^3。

（2）有与职业病危害防护相适应的设施。如在粉尘作业车间应有通风、除尘设备。

（3）生产布局合理，符合有害与无害作业分开的原则。有害与无害作业分开，可以避免交叉、混合作业对劳动者造成损害。如汽车制造业的喷漆作业应有独立的工作场所，并避免其他工种的工人接触油漆中苯等有害化学物质。

（4）有配套的更衣间、洗浴间、孕妇休息间等卫生设施。配置更衣间、洗浴间可以方便劳动者更换具有防护功能的工作服，并及时清洗、处理掉可能携带的有害、有毒物质。设立孕妇休息室，以满足女职工在特殊生理时期的需求。

（5）设备、工具、用具等设施符合保护劳动者生理、心理健康的要求。用人单位应对设备、工具、用具等设施进行合理配置，定期清洗、修整，使之减少对劳动者产生的不良影响。

（6）法律、行政法规和国务院卫生行政部门、安全生产监督管理部门关于保护劳动者健康的其他要求。

9. 什么是放射性、高毒、高危粉尘作业？国家对其进行怎样的管理？

（1）放射性物品是指原子核能够发生衰变，放出肉眼看不见也感觉不到而只能用专门的仪器才能探测得到射线的物质，如钚、铀、镭等。放射性作业是指工作岗位接触到上述放射性物品的工作。

（2）高毒物品一般就是指剧毒物品（如 DDT、666 等）。根据 2002 年国务院发布的《使用有毒物品作业场所劳动保护条例》，将有毒物品划分为一般有毒物品和高毒物品，并对高毒物品管理作了相关的原则规定。之后，卫生部颁布了《高毒物品目录》，列出了 54 种高毒物品。

（3）高危粉尘作业是指接触粉尘的高度危险性作业，如接触石棉粉尘和含游离二氧化硅 10% 以上的粉尘、可能导致尘肺病“高发、群发、速发”的粉尘作业。

从事放射性、高毒、高危粉尘等严重职业病危害因素的作业，对于劳动者具有很大的危害性，容易诱发职业病的发生。对此，《职业病防治法》第二十条规定：国家对从事放射性、高毒、高危粉尘等作业实行特殊管理。

10. 用人单位日常应当采取哪些职业病防治管理措施？

（1）设置或者指定职业卫生管理机构或者组织，配备专职或者兼职的职业卫生管理人员，负责本单位的职业病防治工作。

（2）制定职业病防治计划和实施方案。

（3）建立、健全职业卫生管理制度和操作规程。

（4）建立、健全职业卫生档案和劳动者健康监护档案。

（5）建立、健全工作场所职业病危害因素监测及评价制度。

（6）建立、健全职业病危害事故应急救援预案。

11. 什么是有效的职业病防护设施？什么是职业病防护用品？

《职业病防治法》第二十三条规定：用人单位必须采用有效的职业病防护设施，并为劳动者提供个人使用的职业病防护用品。

职业病防护设施，是指控制或者消除生产过程中产生的职业病危害因素，以阻止职业病危害因素对劳动者健康影响的一切措施。包括用于防尘、防毒、防噪声、防振动、防暑降温、防寒、防潮、防非电离辐射、防电离辐射、防生物危害、人体工效学等职业病防护设施、工程技术、个体防护用品等。所谓职业病防护设施的“有效”，是指用人单位所采用的职业病防护设施必须能够真正起到防治职业病的作用。

劳动者个人使用的职业病防护用品，是指劳动者在劳动过程中使用的、可以防治职业病危害，有效地保护劳动者身体健康的个人用品，如耳机、防尘或防毒口罩等。用人单位为劳动者个人提供的职业病防护用品必须符合防治职业病的要求；不符合要求的，不得使用。而且用人单位还应根据情况对劳动者进行防护用品使用方法、性能和使用要求等相关知识的培训，指导劳动者正确使用个人防护用品。用人单位不得以货币或者其他物品替代应当按规定配备的劳动防护用品。

12. 劳动者如何知悉所从事的工作具有职业病危害？

（1）用人单位与劳动者订立劳动合同（含聘用合同）时，应当将工作过程中可能产生的职业病危害及其后果、职业病防护措施和待遇等如实告知劳动者，并在劳动合同中写明，不得隐瞒或者欺骗。劳动者在已订立劳动合同期间因工作岗位或者工作内容变更，从事与所订立劳动合同中未告知的存在职业病危害的作业时，用人单位应当依照相关规定，向劳动者履行如实告知的义务，并协商变更原劳动合同相关条款。当用人单位未尽告知义务的，劳动者有权拒绝从事存在职业病危害的作业，用人单位不得因此解除与劳动者所订立的劳动合同。

（2）产生职业病危害的用人单位，应当在醒目位置设置公告栏，公布有关职业病防治的规章制度、操作规程、职业病危害事故应急救援措施和工作场所职业病危害因素检测结果。劳动者可以从公告栏中了解工作场所存在的职业病危害因素及其可能造成的后果、预防控制及救援措施，自觉地执行有关制度和规程，加强自我防护。

（3）用人单位对产生严重职业病危害的作业岗位，应当在其醒目位置，设置警示标识和中文警示说明。警示说明应当载明产生职业病危害的种类、后果、预防以及应急救治措施等内容。

13. 对可能发生急性职业病损伤的有毒、有害工作场所，用人单位应当设置或配置什么应急救援设施？

根据《职业病防治法》第二十六条的规定，对可能发生急性职业损伤的有毒、有害工作场所，用人单位应当：

（1）设置报警装置。

（2）配置现场急救用品、冲洗设备。

（3）设置应急撤离通道和必要的泄险区。

现场急救用品、冲洗设备、应急撤离通道和必要的泄险区都应设置明显的警示标志，醒目易找。急救用品和冲洗设备应取用方便，且不妨碍工作。

14. 对职业病防护设备、应急救援设施和个人使用的职业病防护用品，用人单位应如何维修？

对职业病防护设备、应急救援设施和个人使用的职业病防护用品，用人单位应当：

（1）进行经常性的维护、检修。

（2）定期检测其性能和效果。

（3）确保其处于正常状态。

（4）不得擅自拆除或者停止使用。

15. 劳动者从事接触可能存在或产生职业病危害的设备的作业时，须注意什么问题？

（1）认真阅读设备的中文说明书。

（2）查看警示标志和中文警示说明。

（3）了解设备性能、可能产生的职业病危害、安全操作和维护注意事项、职业病防治以及应急救治措施等内容。

16. 劳动者从事接触可能产生职业病危害的化学品、放射性同位素和含有放射性物质的材料时，须注意什么问题？

（1）认真阅读设备的中文说明书，了解产品特性、主要成分、存在的有害因素、可能产生的危害后果、安全使用注意事项、职业病防护以及应急救治等内容。

（2）查看产品包装，注意警示标志和中文警示说明。

（3）查看贮存上述材料的场所所设置的危险物品标志，或者放射性警示标志。

17. 用人单位使用了国家明令禁止使用的可能产生职业病危害的设备或者材料时，劳动者应该怎么办？

当劳动者发现作业场所可能使用了致职业病的设备或材料时，应与用人单位确认是否是使用了国家明令禁止使用的可能产生职业病危害的设备或者材料，如果是，劳动者应提出停止使用。如果用人单位坚持使用，劳动者有权拒绝作业。

有关国家明令禁止使用的可能产生职业病危害的设备或者材料，主要见诸于国家各部委发布的名录。如国家发改委、工业和信息化部发布的《部分工业行业淘汰落后生产工艺装备和产品指导目录》、国家安全生产监督管理总局公布的《禁止井工煤矿使用的设备及工艺目录》等。

18. 哪些人应接受预防职业病培训？

根据《职业病防治法》第三十五条的规定，下列人员应参加职业卫生培训：

（1）用人单位的主要负责人和职业卫生管理人员。这些人员承担本单位职业病防治工作的重要责任，所以应当接受职业卫生培训，遵守职业病防治法律、法规，为做好防治工作打好基础。

（2）劳动者。用人单位应当对劳动者进行上岗前的职业卫生培训和在岗期间的定期职业卫生培训，普及职业卫生知识，督促劳动者遵守职业病防治法律、法规、规章和操作规程，指导劳动者正确使用职业病防护设备和个人使用的职业病防护用品。

学习和掌握相关的职业卫生知识是《职业病防治法》规定的劳动者应当履行的义务，劳动者要增强职业病防范意识，遵守职业病防治法律、法规、规章和操作规程，正确使用、维护职业病防护设备和个人使用的职业病防护用品，发现职业病危害事故隐患应当及时报告。

19. 职业健康检查是怎么回事？费用由谁承担？

职业健康检查是指用人单位按照国务院安全生产监督管理部门、卫生行政部门的规定，对从事接触职业病危害作业的劳动者在上岗前、在岗期间和离岗时，组织其进行的检查，并将检查结果如实告知劳动者。

上岗前检查的目的，一是发现有无职业禁忌；二是建立接触职业病危害因素人员的基础健康档案；三是科学评价劳动者是否适合从事该工种的工作。

在岗期间检查的目的，一是判断劳动者是否适合继续从事该工种的作业；二是发现早期职业病患者，或疑似职业病患者，或是劳动者的其他健康异常改变；三是及时发现有职业禁忌的劳动者；四是通过动态观察劳动者群体健康变化，评价工作场所职业病危害因素的控制效果。

离岗时检查的目的，主要是了解劳动者离开工作岗位时的健康状况，以分清健康损害的责任。

根据《职业病防治法》第三十六条的规定，用人单位不得安排未经上岗前职业健康检查的劳动者从事接触职业病危害的作业；不得安排有职业禁忌的劳动者从事其所禁忌的作业。

职业健康检查费用由用人单位承担。

20. 什么是职业禁忌？常见的职业禁忌有哪些？

职业禁忌是指劳动者从事特定职业或者接触特定职业病危害因素时，比一般职业人群更易于遭受职业病危害和罹患职业病或者可能导致原有自身疾病病情加重，或者在从事作业过程中诱发可能导致对他人生命健康构成危险的疾病的个人特殊生理或者病理状态。

常见的职业禁忌主要有：

（1）粉尘作业岗位。生产性粉尘是在生产中形成的，并能长时间漂浮在空气中的固体微粒。它是污染作业环境，损害劳动者健康的主要职业危害因素，其理化性质不同和进入人体量的多少及其作用部位的不同，可引起多种职业性肺部疾患，有些粉尘（石棉）还可引起肿瘤。因此，我国规定，活动性肺结核；严重的慢性呼吸道疾病，如萎缩性鼻炎、鼻腔肿瘤、支气管喘息、支气管扩张、慢性支气管炎等；显著影响肺功能的胸部疾病，如弥漫性肺纤维化、肺气肿、严重的胸膜肥厚与粘连、胸廓畸形等；严重的心血管系统疾病的，不宜从事粉尘作业。

（2）金属和类金属毒物。包括以下内容：

铅作业岗位：铅及其化合物通过呼吸道和消化道吸收。生产过程中，呼吸道吸入是主要途径；其次是消化道。进入血液中的铅大部分与红细胞结合，其余在血浆中。血液中的铅早期分布于肝、肾、脾、脑、皮肤和骨骼中，数周后，铅由软组织转移到骨髓，并以难溶的磷酸铅形式沉积下来，损害造血系统。我国规定，患有神经系统器质性疾患、贫血、肾脏疾患、心血管器质性疾患者，不宜从事铅作业。

汞作业岗位：金属汞主要以蒸汽形式经呼吸道进入人体，与酶蛋白中的巯基结合，引起中枢神经、植物神经和肾脏损害。我国规定，患有明显口腔疾病，神经系统疾病，肠道和肝、肾器质性疾患者，不宜从事汞作业；妊娠和哺乳期女工应暂时脱离汞接触。

铍、铬作业岗位：铍主要以粉尘或烟雾形式经呼吸道呼入。进入体内的铍，主要分布于肺、气管、支气管和肺的淋巴结、骨骼，肝、肾也有大量的铍存积，会引起全身各器官明显的坏死性改变。铬对人体的危害，目前被认为是一种致癌物，除此之外，铬可引起鼻中隔穿孔、皮炎和溃疡。我国规定，凡患有慢性呼吸道系统疾病，如慢性支气管炎、支气管扩张、支气管哮喘、肺气肿、活动性肺结核等；心、肝、肾器质性疾病；皮肤疾患，如慢性皮炎、湿疹、萎缩性鼻炎等的，不宜从事铍和铬作业。

21. 在职业健康检查中发现劳动者有与所从事的职业相关的健康损害的，如何处理？

（1）用人单位对在职业健康检查中发现有与所从事的职业相关的健康损害的劳动者，应当调离原工作岗位，并妥善安置。

（2）用人单位对未进行离岗前职业健康检查的劳动者不得解除或者终止与其订立的劳动合同。

22. 什么是职业健康监护档案？

劳动者职业健康监护档案是劳动者健康变化与职业病危害因素关系的客观记录，是职业病诊断鉴定的重要依据之一，也是法院审理健康权益案件的物证。正因如此，《职业病防治法》第三十七条规定用人单位应当为劳动者建立职业健康监护档案，并按照规定的期限妥善保存。职业健康监护档案应当包括劳动者的职业史、职业病危害接触史、职业健康检查结果和职业病诊疗等有关个人的健康资料。劳动者离开用人单位时，有权索取本人职业健康监护档案复印件，用人单位应当如实、无偿提供，并在所提供的复印件上签章。

23. 法律明令禁止用人单位进行哪些有害作业？

有害作业是指作业环境中有害物质的浓度、剂量超过国家卫生标准中该物质最高容许值的作业。有害作业直接威胁着劳动者的身心健康，所以《职业病防治法》明文禁止用人单位进行有害作业，用人单位应遵循以下规定：

（1）不得安排未经上岗前职业健康检查的劳动者从事接触职业病危害的作业。

（2）不得安排有职业禁忌的劳动者从事其所禁忌的作业。

（3）不得安排未成年工从事接触职业病危害的作业。

（4）不得安排孕期、哺乳期的女职工从事对本人和胎儿、婴儿有危害的作业。

24. 工会组织在职业病防治工作中的权利有哪些？

维护职工合法权益是工会的基本职责。《劳动法》、《工会法》及《职业病防治法》分别规定了工会组织在维护职工安全健康权方面享有的权益。根据《职业病防治法》第四十一条的规定，工会组织在职业病防治工作中有以下权利：

（1）工会组织应当督促并协助用人单位开展职业卫生宣传教育和培训。

（2）有权对用人单位的职业病防治工作提出意见和建议。

（3）依法代表劳动者与用人单位签订劳动安全卫生专项集体合同。

（4）与用人单位就劳动者反映的有关职业病防治的问题进行协调并督促解决。

（5）对用人单位违反职业病防治法律、法规，侵犯劳动者合法权益的行为，有权要求纠正。

（6）产生严重职业病危害时，有权要求采取防护措施，或者向政府有关部门建议采取强制性措施。

（7）发生职业病危害事故时，有权参与事故调查处理。

（8）发现危及劳动者生命健康的情形时，有权向用人单位建议组织劳动者撤离危险现场，用人单位应当立即作出处理。

用人单位制定或者修改有关职业病防治的规章制度，应当听取工会组织的意见。

25. 什么是职业病诊断？哪些医疗机构可以承担职业病诊断工作？

职业病诊断是指由经省级卫生行政部门批准，取得职业病诊断相应资质的医疗卫生机构，组织三人以上的职业病诊断医师，依据职业病防治法律、法规、职业病诊断标准，对劳动者在职业活动中因接触职业病危害因素而引起的疾病所进行的医学诊断活动。

医疗卫生机构承担职业病诊断，应当经省、自治区、直辖市人民政府卫生行政部门批准。省、自治区、直辖市人民政府卫生行政部门应当向社会公布本行政区域内承担职业病诊断的医疗卫生机构的名单。

承担职业病诊断的医疗卫生机构应当具备下列条件：

（1）持有《医疗机构执业许可证》。

（2）具有与开展职业病诊断相适应的医疗卫生技术人员。

（3）具有与开展职业病诊断相适应的仪器、设备。

（4）具有健全的职业病诊断质量管理制度。

承担职业病诊断的医疗卫生机构不得拒绝劳动者进行职

业病诊断的要求。

26. 劳动者怀疑患了职业病，应到哪里进行诊断？

劳动者怀疑自己患有职业病，可以到经省级卫生行政部门批准、公布的职业病诊断机构进行职业病诊断。到哪个职业病诊断机构进行诊断，劳动者有选择权。《职业病防治法》第四十五条规定，劳动者可以在用人单位所在地、本人户籍所在地或者经常居住地依法承担职业病诊断的医疗卫生机构进行职业病诊断。这一规定，一是方便劳动者及时得到职业病诊断；二是便于职业病诊断机构去用人单位进行调查取证。

关于劳动者的户籍所在地、经常居住地的界定，法律规定：劳动者户籍所在地是指劳动者在户口登记机关登记的住址；经常居住地是指除住院就医外，离开住所地已连续居住一年以上的地方。

27. 劳动者选择职业病诊断机构时应注意哪些问题？

一是看资质，即该职业病诊断机构是否是经过省级卫生行政部门的批准。

二是看范围，即该职业病诊断机构的职业病诊断范围是否与自己怀疑患有的疾病、要求诊断的目标疾病一致，如果不一致，职业病诊断机构作出的任何诊断结论都不具有法律效力。

28. 申请职业病诊断需要提供哪些材料？

根据2002年3月28日卫生部公布的《职业病诊断与鉴定管理办法》的规定，申请职业病诊断时应当提供：

（1）职业病诊断鉴定申请书。

（2）职业病诊断证明书。

（3）职业史、既往史。

（4）职业健康监护档案复印件。

（5）职业健康检查结果。

（6）工作场所历年职业病危害因素检测、评价资料。

（7）诊断机构要求提供的其他必需的材料。

根据《职业病防治法》第四十八条的规定，用人单位应当如实提供职业病诊断、鉴定所需的劳动者职业史和职业病危害接触史、工作场所职业病危害因素检测结果等资料；安全生产监督管理部门应当监督检查和督促用人单位提供上述资料；劳动者和有关机构也应当提供与职业病诊断、鉴定有关的资料。

29. 用人单位不提供与职业病诊断相关资料时怎么办?

职业病诊断难、鉴定难是当前我国职业病防治工作面临的突出问题之一。主要是用人单位在职业病诊断、鉴定过程中不依法提供相关资料，导致劳动者无法提出职业病诊断申请。在这种情况下，为使得职业病诊断、鉴定工作能够继续进行，《职业病防治法》第四十九条规定：

（1）职业病诊断、鉴定过程中，用人单位不提供工作场所职业病危害因素检测结果等资料的，诊断、鉴定机构应当结合劳动者的临床表现、辅助检查结果和劳动者的职业史、职业病危害接触史，并参考劳动者的自述、安全生产监督管理部门提供的日常监督检查信息等，作出职业病诊断、鉴定结论。

（2）诊断、鉴定机构应当提请安全生产监督管理部门进行调查，安全生产监督管理部门应当自接到申请之日起三十日内对存在异议的资料或者工作场所职业病危害因素情况作出判定；有关部门应当配合。

（3）用人单位解散、破产的，由安监部门进行调查。原用人单位工作场所已经不存在的，安监部门可以通过查阅有关历史材料，或者对该地区同类企业工作场所的调查，进行比对，从而确定劳动者曾经工作的用人单位工作场所的职业病危害情况。

30. 劳动者对用人单位提供的资料有异议的怎么办?

现实生活中，一些用人单位为了逃避责任，在诊断、鉴定过程中，为了诱导诊断、鉴定机构作出对自己有利的结论，往往不提供或不如实提供职业病诊断、鉴定所需的资料，导致劳动者对用人单位提供的工作场所职业病危害因素检测、评价资料产生异议。对此，《职业病防治法》规定，在这种情况下，由安全生产监督管理部门对上述资料的真实性作出判定，为职业病诊断、鉴定机构依法作出诊断、鉴定结论提供科学依据。根据这一规定，劳动者对用人单位提供的工作场所职业病危害因素检测结果等资料有异议时，可要求职业病诊断、鉴定机构提请安全生产监督管理部门对用人单位所提供资料的真实性作出判定。

31. 职业病诊断是如何进行的?职业病诊断证明书如何作出?

承担职业病诊断的医疗卫生机构在进行职业病诊断时，应当组织三名以上取得职业病诊断资格的执业医师集体诊断。

对职业病诊断有意见分歧的，应当按多数人的意见诊断；对不同意见应当如实记录。

职业病诊断，应当综合分析下列因素：

（1）病人的职业史。

（2）职业病危害接触史和工作场所职业病危害因素情况。

（3）临床表现以及辅助检查结果等。

没有证据否定职业病危害因素与病人临床表现之间的必然联系的，应当诊断为职业病。

对不能确诊的疑似职业病病人，可以经必要的医学检查或者住院观察后，再作出诊断。

职业病诊断机构作出职业病诊断后，应当向当事人出具职业病诊断证明书。职业病诊断证明书应当明确是否患有职业病，对患有职业病的，还应当载明所患职业病的名称、程度（期别）、处理意见和复查时间。

职业病诊断证明书应当由参与诊断的医师共同签署，并经承担职业病诊断的医疗卫生机构审核盖章。职业病诊断证明书应当一式三份，劳动者、用人单位各执一份，诊断机构存档一份。

32. 劳动者被确诊为职业病后，是否需要复查？

根据《职业病诊断与鉴定管理办法》的规定，确诊为职业病的患者，用人单位应当按照职业病诊断证明书上注明的复查时间安排复查。

33. 什么是职业病诊断鉴定？如何申请？

与职业病诊断不同，职业病诊断鉴定是指设区的市级及省级以上卫生行政部门依法组织职业病诊断鉴定专家，针对当事人提出的职业病诊断争议问题，依程序进行的具有行政仲裁性质的行为。在我国，职业病诊断鉴定实行两级鉴定和地域管辖制度。一是劳动者对职业病诊断机构作出的职业病诊断结论有异议时，可以向所作出诊断的医疗卫生机构所在地的地市一级地方人民政府卫生行政部门申请首次职业病诊断鉴定，作出诊断的医疗卫生机构所在地的地市级地方人民政府卫生行政部门，应当受理当事人职业病诊断鉴定的申请。二是当事人对设区的市级人民政府卫生行政部门作出的职业病诊断鉴定结论不服的，可向原鉴定机构所在地的省、自治区、直辖市人民政府卫生行政部门申请再鉴定。省级职业病诊断鉴定委员会的鉴定为最终鉴定。

34. 职业病诊断鉴定相关费用由谁负担？

根据《职业病防治法》第五十四条的规定，职业病诊断、鉴定费用由用人单位承担。这些费用一般包括：必要的诊断、鉴定取证费，如工作场所调查、劳动者体检、实验室检验等费用；诊断、鉴定过程中的一些资料费用，如有关医疗证明材料、劳动关系证明材料等资料费用；诊断、鉴定过程中所必需的交通费等。劳动者可以直接要求用人单位承担，也可以在垫付后，凭支付证明要求用人单位予以报销。

35. 职业病诊断、鉴定过程中，当事人对劳动关系、工作岗位等具体事项有争议的，如何处理？

劳动者与用人单位产生劳动关系，是进行职业病诊断的前提。如果用人单位不与劳动者签订劳动合同，劳动者往往很难证明其与用人单位之间建立了劳动关系，就会影响劳动者获得职业病诊断。

劳动者的工作岗位与职业病诊断有最直接的因果关系。特别是一些职业病具有潜伏期长、发病晚等特点，一些劳动者往往离开该岗位后多年才发病，这就需要明确劳动者的工作岗位与职业病之间的关联性。

为解决这些问题，《职业病防治法》第五十条规定，职业病诊断、鉴定过程中，在确认劳动者职业史、职业病危害接触史时，当事人对劳动关系、工种、工作岗位或者在岗时间有争议的，可以向当地的劳动人事争议仲裁委员会申请仲裁；接到申请的劳动人事争议仲裁委员会应当受理，并在三十日内作出裁决。

当事人在仲裁过程中对自己提出的主张，有责任提供证据。劳动者无法提供由用人单位掌握管理的与仲裁主张有关的证据的，仲裁庭应当要求用人单位在指定期限内提供；用人单位在指定期限内不提供的，应当承担不利后果。

劳动者对仲裁裁决不服的，可以依法向人民法院提起诉讼。

用人单位对仲裁裁决不服的，可以在职业病诊断、鉴定程序结束之日起十五日内依法向人民法院提起诉讼；诉讼期间，劳动者的治疗费用按照职业病待遇规定的途径支付。

36. 什么是疑似职业病病人？

疑似职业病是与职业病的概念相对应的，是指有患病现象，有可能是职业病，但是没有经过正规医疗机构的检查，无法确定的情况。当医疗卫生机构疑诊断为职业病，但没有最后确诊前，患病病人称为疑似职业病病人。

可视为疑似职业病病人的情形有：

（1）劳动者所患疾病或健康损害表现与其所接触的职业病危害因素的关系不能排除的。

（2）在同一工作环境中，同时或短期内发生两例或两例以上健康损害表现相同或相似病例，病因不明确，又不能以常见病、传染病、地方病等群体性疾病解释的。

（3）同一工作环境中已发现职业病病人，其他劳动者出现相似健康损害表现的。

（4）职业健康检查机构、职业病诊断机构依据职业病诊断标准，认为需要作进一步的检查、医学观察或诊断性治疗以明确诊断的。

（5）劳动者已出现职业病危害因素造成的健康损害表现，但未达到职业病诊断标准规定的诊断条件，而健康损害还可能继续发展的。如职业病诊断标准中规定的观察对象等。

37. 疑似职业病病人应享有哪些待遇？

疑似职业病病人和职业病病人均受法律保护。当发现疑似职业病病人时，用人单位应及时安排对其进行诊断；疑似职业病病人在诊断或医学观察期间的费用由用人单位承担；用人单位在此期间不得解除或终止与其订立的劳动合同。

38. 职业病病人应享有哪些待遇？

当劳动者遭受或可能遭受职业病危害时，用人单位应及时组织救治，进行职业健康检查和医学观察，所需费用由用人单位承担；当劳动者需作职业病诊断时，用人单位应如实提供有关职业卫生和健康监护等资料。

（1）用人单位应当按照国家有关规定，安排职业病病人治疗、康复和定期检查。

（2）用人单位应对不宜继续从事原工作的职业病病人，调离原岗位并妥善安置。

（3）职业病病人的诊疗、康复费用，伤残以及丧失劳动能力的职业病病人的医疗和生活保障，按国家工伤保险有关规定执行。如果用人单位没有依法参加工伤保险的，其医疗和生活保障费用由最后的用人单位负担；最后的用人单位有证据证明该职业病是先前用人单位的职业病危害造成的，由先前的用人单位承担。

（4）职业病病人除依法享有工伤保险外，依照有关民事法律，尚有获得赔偿的权利的，有权向用人单位提出赔偿要求。

（5）职业病病人变动工作单位，其依法享有的待遇不变。用人单位发生分立、合并、解散、破产等情形的，用人单位应按照国家有关规定妥善安置职业病病人。

39. 劳动者被诊断、鉴定为职业病后，如何申请认定为工伤？

根据2011年修订的《工伤保险条例》的规定，劳动者按照《职业病防治法》的规定被诊断、鉴定为职业病后，所在单位应当自劳动者被诊断、鉴定为职业病之日起三十日内，向统筹地区社会保险行政部门提出工伤认定申请。遇有特殊情况，经报社会保险行政部门同意，申请时限可以适当延长。用人单位未按上述规定提出工伤认定申请的，工伤职工或者其直系亲属、工会组织在事故伤害发生之日或者被诊断、鉴定为职业病之日起一年内，可以直接向用人单位所在地统筹地区劳动保障行政部门提出工伤认定申请。

用人单位未在上述时限内提交工伤认定申请的，在此期间发生的符合《工伤保险条例》规定的工伤待遇等有关费用，由该用人单位负担。

40. 什么是劳动能力鉴定？其内容是什么？

劳动能力鉴定是指劳动者因工或非因工负伤以及患病后，劳动鉴定机构根据国家鉴定标准，运用有关政策和医学科学技术的方法、手段，确定劳动者伤残程度和丧失劳动能力程度的一种综合评定。它是给予受伤害职工保险待遇的基础和前提条件，也是工伤保险管理工作的重要内容。

根据《工伤保险条例》的规定，劳动能力鉴定包括劳动功能障碍程度和生活自理障碍程度的等级鉴定。劳动功能障碍分为十个伤残等级，最重的为一级，最轻的为十级。生活自理障碍分为三个等级：生活完全不能自理、生活大部分不能自理和生活部分不能自理。劳动能力鉴定标准由国务院社会保险行政部门会同国务院卫生行政部门等制定。我国现行有效的鉴定标准是 GB/T16180—2006《劳动能力鉴定——职工工伤与职业病致残等级》，是职业病病人申请工伤待遇的依据。

41. 职业病病人依法享有哪些工伤保险待遇?

工伤保险是劳动者在工作中或在规定的特殊情况下，遭受意外伤害，或患职业病导致暂时或永久丧失劳动能力以及死亡时，劳动者或其遗属从国家和社会获得物质帮助的一种社会保险制度。

按照我国现行管理体制，职业病待遇纳入工伤保险，统一由劳动与社会保障部管理。根据《工伤保险条例》的规定，工伤待遇包括：工伤医疗待遇、辅助器具配置待遇、停工留薪期待遇、工伤伤残待遇等。

42. 工伤医疗待遇包括什么内容?

（1）治疗工伤所需费用符合工伤保险诊疗项目目录、工伤保险药品目录、工伤保险住院服务标准的，从工伤保险基金支付。工伤保险诊疗项目目录、工伤保险药品目录、工伤保险住院服务标准，由国务院社会保险行政部门会同国务院卫生行政部门、食品药品监督管理部门等部门规定。

（2）住院治疗工伤的伙食补助费，以及经医疗机构出具证明，报经办机构同意，工伤职工到统筹地区以外就医所需的交通、食宿费用从工伤保险基金支付，基金支付的具体标准由统筹地区人民政府规定。

(3) 到签订服务协议的医疗机构进行工伤康复的费用，符合规定的，从工伤保险基金支付。

43. 什么是停工留薪期？职业病病人在停工留薪期内享有哪些待遇？

停工留薪期是指劳动者因患职业病停止工作接受治疗并享受有关待遇的期限。劳动者因患职业病需要暂停工作接受工伤医疗的，在停工留薪期内，享受正常工作期间标准的工资福利，由所在单位按月支付。

停工留薪期一般不超过 12 个月。伤情严重或者情况特殊，经设区的市级劳动能力鉴定委员会确认，可以适当延长，但延长不得超过 12 个月。

工伤职工评定伤残等级后，停发原待遇，按照有关规定享受伤残待遇。

工伤职工在停工留薪期满后仍需治疗的，继续享受工伤医疗待遇。

生活不能自理的，在停工留薪期需要护理的，由所在单位负责。

44. 职业病病人享受哪些伤残待遇？

职业病病人经过劳动能力鉴定，根据劳动功能障碍程度和生活自理障碍程度，被确定为相应的伤残等级后，按照不同的等级享受对应的伤残待遇：

（1）被鉴定为一级至四级伤残的，享受以下待遇：

一是保留劳动关系，退出工作岗位，领取一次性伤残补助金，并按月领取伤残津贴。

二是工伤职工达到退休年龄并办理退休手续后，停发伤残津贴，按照国家有关规定享受基本养老保险待遇；基本养老保险待遇低于伤残津贴的，由工伤保险基金补足差额。

（2）被鉴定为五级、六级伤残的，享受以下待遇：

一是领取一次性伤残补助金，保留劳动关系，由用人单位安排适当工作。

二是难以安排工作的，由用人单位按月发给伤残津贴，并由用人单位按照规定为其缴纳各项社会保险费。

三是经职业病病人提出，可以与用人单位解除或者终止劳动关系，领取一次性工伤医疗补助金，并由用人单位支付一次性伤残就业补助金。

（3）被鉴定为七级至十级伤残的，享受以下待遇：

一是领取一次性伤残补助金。

二是劳动、聘用合同期满终止，或者职业病病人提出解除劳动、聘用合同的，由工伤保险基金支付一次性工伤医疗补助金，由用人单位支付一次性伤残就业补助金。

上述一次性伤残补助金和伤残津贴的标准，根据不同的伤残等级执行不同的标准。

45. 职业病病人享受工伤保险待遇后，还可以要求用人单位赔偿吗？

可以。根据《职业病防治法》第五十九条规定，职业病病人除依法享有工伤保险外，依照有关民事法律，尚有获得赔偿的权利的，有权向用人单位提出赔偿要求。现实生活中，一些职业病病人往往因丧失了劳动能力，生活发生困难，而工伤保险所能支付的待遇，可能难以完全补偿职业病病人因病所受到的损失。在这种情况下，职业病病人除享受工伤保险待遇外，还可以向用人单位提出赔偿要求。提出赔偿的范围以补足劳动者的实际损失为限，受伤害的职工在获得工伤保险补偿后，可以就未获得补偿的部分再向所属用人单位提出民事赔偿主张。用人单位拒绝赔偿的，职业病病人可以向人民法院起诉。

46. 用人单位没有参加工伤保险的，职业病待遇的相关费用如何承担？

根据《职业病防治法》第六十条的规定，劳动者被诊断患有职业病，但用人单位没有依法参加工伤保险的，其医疗和生活保障由该用人单位承担。

47. 职业病病人变动工作单位或用人单位发生变化的，其职业病待遇如何保障？

（1）职业病病人变动工作单位，其工伤保险关系也随之转移、接续，其依法享有的待遇不变。

（2）用人单位在发生分立、合并、解散、破产等情形时，应当对从事接触职业病危害作业的劳动者进行健康检查，并按照国家有关规定妥善安置职业病病人，使职业病病人获得应有的生活保障。

（3）用人单位已经不存在或者无法确认劳动关系的职业病病人，可以向地方人民政府民政部门申请医疗救助和生活等方面的救助。地方各级人民政府应当根据本地区的实际情况，采取其他措施，使这种情况的职业病病人获得医疗救治。

48. 什么是职业卫生监督？国家对职业卫生监督执法人员有什么要求？

职业卫生监督是指国家卫生行政机关和法律、法规授权组织、受委托组织，依据职业卫生法律、法规、规章、标准和规范性文件的规定，对职业卫生管理相对人实施监督，掌握和督促其履行法定义务，并对违法行为依法处理的具体卫生行政行为。

由于职业卫生监督执法涉及的职业病防治的法律、法规、技术规范多，专业性强，所以职业卫生监督执法人员必须经过资格认定。经过培训考核，符合要求的才能上岗执法，不具备资格条件的人员，不得从事职业卫生监督执法。

49. 用人单位违反《职业病防治法》规定的常见行为应受到哪些处罚？

《职业病防治法》规定了用人单位违反职业病防治规定的常见行为，依其严重程度的不同，法律设置了四个档次的处罚标准：

(1) 违反《职业病防治法》第七十一条规定，用人单位有下列行为之一的，由安全生产监督管理部门给予警告，责令限期改正；逾期不改正的，处十万元以下的罚款：工作场所职业病危害因素检测、评价结果没有存档、上报、公布的；未采取本法第二十一条规定的职业病防治管理措施的；未按照规定公布有关职业病防治的规章制度、操作规程、职业病危害事故应急救援措施的；未按照规定组织劳动者进行职业卫生培训，或者未对劳动者个人职业病防护采取指导、督促措施的；国内首次使用或者首次进口与职业病危害有关的化学材料，未按照规定报送毒性鉴定资料以及经有关部门登记注册或者批准进口的文件的。

（2）违反《职业病防治法》第七十二条规定，用人单位有下列行为之一的，由安全生产监督管理部门责令限期改正，给予警告，可以并处五万元以上十万元以下的罚款：未按照规定及时、如实向安全生产监督管理部门申报产生职业病危害的项目的；未实施由专人负责的职业病危害因素日常监测，或者监测系统不能正常监测的；订立或者变更劳动合同时，未告知劳动者职业病危害真实情况的；未按照规定组织职业健康检查、建立职业健康监护档案或者未将检查结果书面告知劳动者的；未依照本法规定在劳动者离开用人单位时提供职业健康监护档案复印件的。

（3）违反《职业病防治法》第七十三条规定，用人单位有下列行为之一的，由安全生产监督管理部门给予警告，责令限期改正，逾期不改正的，处五万元以上二十万元以下的罚款；情节严重的，责令停止产生职业病危害的作业，或者提请有关人民政府按照国务院规定的权限责令关闭：工作场所职业病危害因素的强度或者浓度超过国家职业卫生标准的；

未提供职业病防护设施和个人使用的职业病防护用品，或者提供的职业病防护设施和个人使用的职业病防护用品不符合国家职业卫生标准和卫生要求的；对职业病防护设备、应急救援设施和个人使用的职业病防护用品未按照规定进行维护、检修、检测，或者不能保持正常运行、使用状态的；未按照规定对工作场所职业病危害因素进行检测、评价的；工作场所职业病危害因素经治理仍然达不到国家职业卫生标准和卫生要求时，未停止存在职业病危害因素的作业的；未按照规定安排职业病病人、疑似职业病病人进行诊治的；发生或者可能发生急性职业病危害事故时，未立即采取应急救援和控制措施或者未按照规定及时报告的；未按照规定在产生严重职业病危害的作业岗位醒目位置设置警示标识和中文警示说明的；拒绝职业卫生监督管理部门监督检查的；隐瞒、伪造、篡改、毁损职业健康监护档案、工作场所职业病危害因素检测评价结果等相关资料，或者拒不提供职业病诊断、鉴定所需资料的；未按照规定承担职业病诊断、鉴定费用和职业病病人的医疗、生活保障费用的。

（4）违反《职业病防治法》第七十六条规定，用人单位有下列情形之一的，由安全生产监督管理部门责令限期治理，并处五万元以上三十万元以下的罚款；情节严重的，责令停止产生职业病危害的作业，或者提请有关人民政府按照国务院规定的权限责令关闭：隐瞒技术、工艺、设备、材料所产生的职业病危害而采用的；隐瞒本单位职业卫生真实情况的；可能发生急性职业损伤的有毒、有害工作场所、放射工作场所或者放射性同位素的运输、贮存不符合本法第二十六条规定的；使用国家明令禁止使用的可能产生职业病危害的设备或者材料的；将产生职业病危害的作业转移给没有职业病防护条件的单位和个人，或者没有职业病防护条件的单位和个人接受产生职业病危害的作业的；擅自拆除、停止使用职业病防护设备或者应急救援设施的；安排未经职业健康检查的劳动者、有职业禁忌的劳动者、未成年工或者孕期、哺乳期女职工从事接触职业病危害的作业或者禁忌作业的；违章指挥和强令劳动者进行没有职业病防护措施的作业的。

50. 用人单位违反《职业病防治法》的规定，已经对劳动者生命健康造成严重损害的，如何处罚？

因用人单位的违法行为对劳动者生命健康造成严重损害的，由安全生产监督管理部门责令停止产生职业病危害的作业，或者提请有关人民政府按照国务院规定的权限责令关闭，并处十万元以上五十万元以下的罚款。

附 录

职业病目录

（卫法监发〔2002〕108号 2002年4月18日

卫生部、劳动和社会保障部发布）

一、尘肺

1. 矽肺

2. 煤工尘肺

3. 石墨尘肺

4. 炭黑尘肺

5. 石棉肺

6. 滑石尘肺

7. 水泥尘肺

8. 云母尘肺

9. 陶工尘肺

10. 铝尘肺

11. 电焊工尘肺

12. 铸工尘肺

13. 根据《尘肺病诊断标准》和《尘肺病理诊断标准》可以诊断的其他尘肺

二、职业性放射性疾病

1. 外照射急性放射病

2. 外照射亚急性放射病

3. 外照射慢性放射病

4. 内照射放射病

5. 放射性皮肤疾病

6. 放射性肿瘤

7. 放射性骨损伤

8. 放射性甲状腺疾病

9. 放射性性腺疾病

10. 放射复合伤

11. 根据《职业性放射性疾病诊断标准（总则)》可以诊断的其他放射性损伤

三、职业中毒

1. 铅及其化合物中毒（不包括四乙基铅)

2. 汞及其化合物中毒

3. 锰及其化合物中毒

4. 镉及其化合物中毒

5. 铍病

6. 铊及其化合物中毒

7. 钡及其化合物中毒

8. 钒及其化合物中毒

9. 磷及其化合物中毒

10. 砷及其化合物中毒

11. 铀中毒

12. 砷化氢中毒

13. 氯气中毒

14. 二氧化硫中毒

15. 光气中毒

16. 氨中毒

17. 偏二甲基肼中毒
18. 氮氧化合物中毒
19. 一氧化碳中毒
20. 二硫化碳中毒
21. 硫化氢中毒
22. 磷化氢、磷化锌、磷化铝中毒
23. 工业性氟病
24. 氰及腈类化合物中毒
25. 四乙基铅中毒
26. 有机锡中毒
27. 羰基镍中毒
28. 苯中毒
29. 甲苯中毒
30. 二甲苯中毒
31. 正己烷中毒
32. 汽油中毒
33. 一甲胺中毒
34. 有机氟聚合物单体及其热裂解物中毒
35. 二氯乙烷中毒
36. 四氯化碳中毒
37. 氯乙烯中毒
38. 三氯乙烯中毒
39. 氯丙烯中毒
40. 氯丁二烯中毒
41. 苯的氨基及硝基化合物（不包括三硝基甲苯）中毒
42. 三硝基甲苯中毒
43. 甲醇中毒

44. 酚中毒

45. 五氯酚（钠）中毒

46. 甲醛中毒

47. 硫酸二甲酯中毒

48. 丙烯酰胺中毒

49. 二甲基甲酰胺中毒

50. 有机磷农药中毒

51. 氨基甲酸酯类农药中毒

52. 杀虫脒中毒

53. 溴甲烷中毒

54. 拟除虫菊酯类农药中毒

55. 根据《职业性中毒性肝病诊断标准》可以诊断的职业性中毒性肝病

56. 根据《职业性急性化学物中毒诊断标准（总则）》可以诊断的其他职业性急性中毒

四、物理因素所致职业病

1. 中暑

2. 减压病

3. 高原病

4. 航空病

5. 手臂振动病

五、生物因素所致职业病

1. 炭疽

2. 森林脑炎

3. 布氏杆菌病

六、职业性皮肤病

1. 接触性皮炎

2. 光敏性皮炎

3. 电光性皮炎

4. 黑变病

5. 痤疮

6. 溃疡

7. 化学性皮肤灼伤

8. 根据《职业性皮肤病诊断标准（总则）》可以诊断的其他职业性皮肤病

七、职业性眼病

1. 化学性眼部灼伤

2. 电光性眼炎

3. 职业性白内障（含放射性白内障、三硝基甲苯白内障）

八、职业性耳鼻喉口腔疾病

1. 噪声聋

2. 铬鼻病

3. 牙酸蚀病

九、职业性肿瘤

1. 石棉所致肺癌、间皮瘤

2. 联苯胺所致膀胱癌

3. 苯所致白血病

4. 氯甲醚所致肺癌

5. 砷所致肺癌、皮肤癌

6. 氯乙烯所致肝血管肉瘤

7. 焦炉工人肺癌

8. 铬酸盐制造业工人肺癌

十、其他职业病

1. 金属烟热

2. 职业性哮喘

3. 职业性变态反应性肺泡炎

4. 棉尘病

5. 煤矿井下工人滑囊炎

职业病诊断与鉴定管理办法

（卫生部令第24号　2002年3月28日）

第一章　总　则

第一条　为了规范职业病诊断鉴定工作，加强职业病诊断、鉴定管理，根据《中华人民共和国职业病防治法》（以下简称《职业病防治法》），制定本办法。

第二条　职业病的诊断与鉴定工作应当遵循科学、公正、公开、公平、及时、便民的原则。

职业病诊断、鉴定工作应当依据《职业病防治法》及本办法的规定和国家职业病诊断标准进行，并符合职业病诊断与鉴定的程序。

第二章　诊断机构

第三条　职业病诊断应当由省级卫生行政部门批准的医疗卫生机构承担。

第四条　从事职业病诊断的医疗卫生机构，应当具备以下条件：

（一）持有《医疗机构执业许可证》；

（二）具有与开展职业病诊断相适应的医疗卫生技术人员；

（三）具有与开展职业病诊断相适应的仪器、设备；

（四）具有健全的职业病诊断质量管理制度。

第五条 医疗卫生机构从事职业病诊断，应当向省级卫生行政部门提出申请，并提交以下资料：

（一）职业病诊断机构申请表；

（二）医疗机构执业许可证；

（三）申请从事的职业病诊断项目；

（四）与职业病诊断项目相适应的技术人员、仪器设备等资料；

（五）职业病诊断质量管理制度有关资料；

（六）省级卫生行政部门规定提交的其他资料。

第六条 省级卫生行政部门收到申请资料后，应当在90日内完成资料审查和现场考核，自现场考核结束之日起15日内，作出批准或者不批准的决定，并书面通知申请单位。批准的由省级卫生行政部门颁发职业病诊断机构批准证书。

职业病诊断机构批准证书有效期限为4年。

第七条 职业病诊断机构的职责是：

（一）在批准的职业病诊断项目范围内开展职业病诊断；

（二）职业病报告；

（三）承担卫生行政部门交付的有关职业病诊断的其他工作。

第八条 从事职业病诊断的医师应当具备以下条件，并取得省级卫生行政部门颁发的资格证书：

（一）具有执业医师资格；

（二）具有中级以上卫生专业技术职务任职资格；

（三）熟悉职业病防治法律规范和职业病诊断标准；

（四）从事职业病诊疗相关工作5年以上；

（五）熟悉工作场所职业病危害防治及其管理；

（六）经培训、考核合格。

第三章 诊 断

第九条 职业病诊断机构依法独立行使诊断权，并对其做出的诊断结论承担责任。

第十条 劳动者可以选择用人单位所在地或本人居住地的职业病诊断机构进行诊断。

本办法所称居住地是指劳动者的经常居住地。

第十一条 申请职业病诊断时应当提供：

（一）职业史、既往史；

（二）职业健康监护档案复印件；

（三）职业健康检查结果；

（四）工作场所历年职业病危害因素检测、评价资料；

（五）诊断机构要求提供的其他必需的有关材料。

用人单位和有关机构应当按照诊断机构的要求，如实提供必要的资料。

没有职业病危害接触史或者健康检查没有发现异常的，诊断机构可以不予受理。

第十二条 职业病诊断应当依据职业病诊断标准，结合职业病危害接触史、工作场所职业病危害因素检测与评价、临床表现和医学检查结果等资料，进行综合分析做出。

对不能确诊的疑似职业病病人，可以经必要的医学检查或者住院观察后，再做出诊断。

第十三条 没有证据否定职业病危害因素与病人临床表现之间的必然联系的，在排除其他致病因素后，应当诊断为职业病。

第十四条 职业病诊断机构在进行职业病诊断时，应当组织三名以上取得职业病诊断资格的执业医师进行集体诊断。

对职业病诊断有意见分歧的，应当按多数人的意见诊断；对不同意见应当如实记录。

第十五条 职业病诊断机构做出职业病诊断后，应当向当事人出具职业病诊断证明书。职业病诊断证明书应当明确是否患有职业病，对患有职业病的，还应当载明所患职业病的名称、程度（期别）、处理意见和复查时间。

职业病诊断证明书应当由参加诊断的医师共同签署，并经职业病诊断机构审核盖章。

职业病诊断证明书应当一式三份，劳动者、用人单位各执一份，诊断机构存档一份。

职业病诊断证明书的格式由卫生部统一规定。

第十六条 用人单位和医疗卫生机构发现职业病病人或者疑似职业病病人时，应当按规定报告。确诊为职业病的，用人单位还应当向所在地县级劳动保障行政部门报告。

第十七条 职业病诊断机构应当建立职业病诊断档案并永久保存，档案内容应当包括：

（一）职业病诊断证明书；

（二）职业病诊断过程记录：包括参加诊断的人员、时间、地点、讨论内容及诊断结论；

（三）用人单位和劳动者提供的诊断用所有资料；

（四）临床检查与实验室检验等结果报告单；

（五）现场调查笔录及分析评价报告。

第十八条 确诊为职业病的患者，用人单位应当按照职业病诊断证明书上注明的复查时间安排复查。

第四章 鉴 定

第十九条 当事人对职业病诊断有异议的，在接到职业病诊断证明书之日起30日内，可以向做出诊断的医疗卫生机构所在地设区的市级卫生行政部门申请鉴定。

设区的市级卫生行政部门组织的职业病诊断鉴定委员会负责职业病诊断争议的首次鉴定。

当事人对设区的市级职业病诊断鉴定委员会的鉴定结论不服的，在接到职业病诊断鉴定书之日起15日内，可以向原鉴定机构所在地省级卫生行政部门申请再鉴定。

省级职业病诊断鉴定委员会的鉴定为最终鉴定。

第二十条 省级卫生行政部门应当设立职业病诊断鉴定专家库。专家库由具备下列条件专业技术人员组成：

（一）具有良好的业务素质和职业道德；

（二）具有相关专业的高级卫生技术职务任职资格；

（三）具有五年以上相关工作经验；

（四）熟悉职业病防治法律规范和职业病诊断标准；

（五）身体健康，能够胜任职业病诊断鉴定工作。

专家库专家任期四年，可以连聘连任。

第二十一条 职业病诊断鉴定委员会承担职业病诊断争议的鉴定工作。职业病诊断鉴定委员会由卫生行政部门组织。

第二十二条 卫生行政部门可以委托办事机构承担职业病诊断鉴定的组织和日常性工作。职业病诊断鉴定办事机构的职责是：

（一）接受当事人申请；

（二）组织当事人或者接受当事人委托抽取职业病诊断鉴定委员会专家；

（三）管理鉴定档案；

（四）承办与鉴定有关的事务性工作；

（五）承担卫生行政部门委托的有关鉴定的其他工作。

第二十三条 参加职业病诊断鉴定的专家，由申请鉴定的当事人在职业病诊断鉴定办事机构的主持下，从专家库中以随机抽取的方式确定。

当事人也可以委托职业病诊断鉴定办事机构抽取专家。

职业病诊断鉴定委员会组成人数为 5 人以上单数，鉴定委员会设主任委员 1 名，由鉴定委员会推举产生。

在特殊情况下，职业病诊断鉴定专业机构根据鉴定工作的需要，可以组织在本地区以外的专家库中随机抽取相关专业的专家参加鉴定或者函件咨询。

第二十四条 职业病诊断鉴定委员会专家有下列情形之一的，应当回避：

（一）是职业病诊断鉴定当事人或者当事人近亲属的；

（二）与职业病诊断鉴定有利害关系的；

（三）与职业病诊断鉴定当事人有其他关系，可能影响公正鉴定的。

第二十五条 当事人申请职业病诊断鉴定时，应当提供以下材料：

（一）职业病诊断鉴定申请书；

（二）职业病诊断证明书；

（三）本办法第十一条规定的材料；

（四）其他有关资料。

第二十六条 职业病诊断鉴定办事机构应当自收到申请资料之日起 10 日内完成材料审核，对材料齐全的发给受理通知书；材料不全的，通知当事人补充。

职业病诊断鉴定办事机构应当在受理鉴定之日起 60 日内组织鉴定。

第二十七条 鉴定委员会应当认真审查当事人提供的材料，必要时可以听取当事人的陈述和申辩，对被鉴定人进行医学检查，对被鉴定人的工作场所进行现场调查取证。

鉴定委员会根据需要可以向原职业病诊断机构调阅有关的诊断资料。

鉴定委员会根据需要可以向用人单位索取与鉴定有关的资料。用人单位应当如实提供。

对被鉴定人进行医学检查，对被鉴定人的工作场所进行现场调查取证等工作由职业病诊断鉴定办事机构安排、组织。

第二十八条 职业病诊断鉴定委员会可以根据需要邀请其他专家参加职业病诊断鉴定。邀请的专家可以提出技术意见、提供有关资料，但不参与鉴定结论的表决。

第二十九条 职业病诊断鉴定委员会应当认真审阅有关资料，依照有关规定和职业病诊断标准，运用科学原理和专业知识，独立进行鉴定。在事实清楚的基础上，进行综合分析，做出鉴定结论，并制作鉴定书。鉴定结论以鉴定委员会成员的过半数通过。鉴定过程应当如实记载。

职业病诊断鉴定书应当包括以下内容：

（一）劳动者、用人单位的基本情况及鉴定事由；

（二）参加鉴定的专家情况；

（三）鉴定结论及其依据，如果为职业病，应当注明职业病名称、程度（期别）；

（四）鉴定时间。

参加鉴定的专家应当在鉴定书上签字，鉴定书加盖职业病诊断鉴定委员会印章。

职业病诊断鉴定书应当于鉴定结束之日起20日内由职业病诊断鉴定办事机构发送当事人。

第三十条 职业病诊断鉴定过程应当如实记录，其内容应当包括：

（一）鉴定专家的情况；

（二）鉴定所用资料的名称和数目；

（三）当事人的陈述和申辩；

（四）鉴定专家的意见；

（五）表决的情况；

（六）鉴定结论；

（七）对鉴定结论的不同意见；

（八）鉴定专家签名；

（九）鉴定时间。

鉴定结束后，鉴定记录应当随同职业病诊断鉴定书一并由职业病诊断鉴定办事机构存档。

第三十一条 职业病诊断、鉴定的费用由用人单位承担。

第五章 监督管理

第三十二条 在职业病诊断机构批准证书有效期届满前六个月内，职业病诊断机构应当向原批准机关申请续展，原批准机关复核后，对合格的，换发证书；逾期未申请续展的，其《职业病诊断机构批准证书》过期失效。

第三十三条 省级卫生行政部门应当对取得批准证书的职业病诊断机构进行日常监督检查与年度考核，对日常监督检查或者年度考核不合格的，责令限期改正，逾期不改正或者经检查仍不合格的，由原发证机关注销其资格，并收缴《职业病诊断机构批准证书》；对不合格的职业病诊断医师，应当注销其诊断资格。

第三十四条 省级卫生行政部门应当对其设立的专家库定期复审，并根据职业病诊断鉴定工作需要及时进行调整。

第六章 罚 则

第三十五条 用人单位违反《职业病防治法》及本办法规定，未安排职业病病人、疑似职业病病人进行诊治的，由卫生行政部门给予警告，责令限期改正，逾期不改正的，处5万元以上20万元以下的罚款。

第三十六条 用人单位违反《职业病防治法》及本办法规定，隐瞒本单位职业卫生真实情况的，由卫生行政部门责令限期改正，并处5万元以上10万元以下的罚款。

第三十七条 违反《职业病防治法》及本办法规定，医疗卫生机构未经批准擅自从事职业病诊断的，由卫生行政部门责令立即停止违法行为，没收违法所得；违法所得5000元以上的，并处违法所得2倍以上10倍以下的罚款；没有违法所得或者违法所得不足5000元的，并处5000元以上5万元以下的罚款；情节严重的，对直接负责的主管人员和其他直接责任人员，依法给予降级、撤职或者开除的处分。

第三十八条 职业病诊断机构违反《职业病防治法》及本办法规定，有下列行为之一的，由卫生行政部门责令立即停止违法行为，给予警告，没收违法所得；违法所得5000元以上的，并处违法所得2倍以上5倍以下的罚款；没有违法所得或者违法所得不足5000元的，并处5000元以上2万元以下的罚款；情节严重的，由原批准机关取消其相应的资格；对直接负责的主管人员和其他直接责任人员，依法给予降级、撤职或者开除的处分；构成犯罪的，依法追究刑事责任：

（一）超出批准范围从事职业病诊断的；

（二）不按照本法规定履行法定职责的；

（三）出具虚假证明文件的。

第三十九条 职业病诊断鉴定委员会组成人员违反《职业病防治法》及本办法规定，收受职业病诊断争议当事人的财物或者其他好处的，给予警告，没收收受的财物，可以并处3000元以上5万元以下的罚款，取消其担任职业病诊断鉴定委员会组成人员的资格，并从省级卫生行政部门设立的专家库中予以除名。

第四十条 用人单位和医疗卫生机构违反《职业病防治法》及本办法规定，未报告职业病、疑似职业病的，由卫生行政部门责令限期改正，给予警告，可以并处1万元以下的罚款；弄虚作假的，并处2万元以上5万元以下的罚款；对直接负责的主管人员和其他直接责任人员，可以依法给予降级或者撤职的处分。

第七章　附　则

第四十一条　本办法自2002年5月1日实施。卫生部1984年3月29日颁发的《职业病诊断管理办法》同时废止。

工伤保险条例（摘录）

（2003年4月27日国务院令第375号公布　根据2010年12月20日国务院《关于修改〈工伤保险条例〉的决定修订》）

第三章　工伤认定

第十四条　职工有下列情形之一的，应当认定为工伤：

（一）在工作时间和工作场所内，因工作原因受到事故伤害的；

（二）工作时间前后在工作场所内，从事与工作有关的预备性或者收尾性工作受到事故伤害的；

（三）在工作时间和工作场所内，因履行工作职责受到暴力等意外伤害的；

（四）患职业病的；

（五）因工外出期间，由于工作原因受到伤害或者发生事故下落不明的；

（六）在上下班途中，受到非本人主要责任的交通事故或者城市轨道交通、客运轮渡、火车事故伤害的；

（七）法律、行政法规规定应当认定为工伤的其他情形。

第十五条　职工有下列情形之一的，视同工伤：

（一）在工作时间和工作岗位，突发疾病死亡或者在48小时之内经抢救无效死亡的；

（二）在抢险救灾等维护国家利益、公共利益活动中受到伤害的；

（三）职工原在军队服役，因战、因公负伤致残，已取得革命伤残军人证，到用人单位后旧伤复发的。

职工有前款第（一）项、第（二）项情形的，按照本条例的有关规定享受工伤保险待遇；职工有前款第（三）项情形的，按照本条例的有关规定享受除一次性伤残补助金以外的工伤保险待遇。

第十六条 职工符合本条例第十四条、第十五条的规定，但是有下列情形之一的，不得认定为工伤或者视同工伤：

（一）故意犯罪的；

（二）醉酒或者吸毒的；

（三）自残或者自杀的。

第十七条 职工发生事故伤害或者按照职业病防治法规定被诊断、鉴定为职业病，所在单位应当自事故伤害发生之日或者被诊断、鉴定为职业病之日起30日内，向统筹地区社会保险行政部门提出工伤认定申请。遇有特殊情况，经报社会保险行政部门同意，申请时限可以适当延长。

用人单位未按前款规定提出工伤认定申请的，工伤职工或者其近亲属、工会组织在事故伤害发生之日或者被诊断、鉴定为职业病之日起1年内，可以直接向用人单位所在地统筹地区社会保险行政部门提出工伤认定申请。

按照本条第一款规定应当由省级社会保险行政部门进行工伤认定的事项，根据属地原则由用人单位所在地的设区的市级社会保险行政部门办理。

用人单位未在本条第一款规定的时限内提交工伤认定申请，在此期间发生符合本条例规定的工伤待遇等有关费用由该用人单位负担。

第十八条 提出工伤认定申请应当提交下列材料：

（一）工伤认定申请表；

（二）与用人单位存在劳动关系（包括事实劳动关系）的证明材料；

（三）医疗诊断证明或者职业病诊断证明书（或者职业病诊断鉴定书）。

工伤认定申请表应当包括事故发生的时间、地点、原因以及职工伤害程度等基本情况。

工伤认定申请人提供材料不完整的，社会保险行政部门应当一次性书面告知工伤认定申请人需要补正的全部材料。申请人按照书面告知要求补正材料后，社会保险行政部门应当受理。

第十九条 社会保险行政部门受理工伤认定申请后，根据审核需要可以对事故伤害进行调查核实，用人单位、职工、工会组织、医疗机构以及有关部门应当予以协助。职业病诊断和诊断争议的鉴定，依照职业病防治法的有关规定执行。对依法取得职业病诊断证明书或者职业病诊断鉴定书的，社会保险行政部门不再进行调查核实。

职工或者其近亲属认为是工伤，用人单位不认为是工伤的，由用人单位承担举证责任。

第二十条 社会保险行政部门应当自受理工伤认定申请之日起60日内作出工伤认定的决定，并书面通知申请工伤认定的职工或者其近亲属和该职工所在单位。

社会保险行政部门对受理的事实清楚、权利义务明确的工伤认定申请，应当在15日内作出工伤认定的决定。

作出工伤认定决定需要以司法机关或者有关行政主管部门的结论为依据的，在司法机关或者有关行政主管部门尚未作出结论期间，作出工伤认定决定的时限中止。

社会保险行政部门工作人员与工伤认定申请人有利害关系的，应当回避。

第四章　劳动能力鉴定

第二十一条　职工发生工伤，经治疗伤情相对稳定后存在残疾、影响劳动能力的，应当进行劳动能力鉴定。

第二十二条　劳动能力鉴定是指劳动功能障碍程度和生活自理障碍程度的等级鉴定。

劳动功能障碍分为十个伤残等级，最重的为一级，最轻的为十级。

生活自理障碍分为三个等级：生活完全不能自理、生活大部分不能自理和生活部分不能自理。

劳动能力鉴定标准由国务院社会保险行政部门会同国务院卫生行政部门等部门制定。

第二十三条　劳动能力鉴定由用人单位、工伤职工或者其近亲属向设区的市级劳动能力鉴定委员会提出申请，并提供工伤认定决定和职工工伤医疗的有关资料。

第二十四条　省、自治区、直辖市劳动能力鉴定委员会和设区的市级劳动能力鉴定委员会分别由省、自治区、直辖市和设区的市级社会保险行政部门、卫生行政部门、工会组织、经办机构代表以及用人单位代表组成。

劳动能力鉴定委员会建立医疗卫生专家库。列入专家库的医疗卫生专业技术人员应当具备下列条件：

（一）具有医疗卫生高级专业技术职务任职资格；

（二）掌握劳动能力鉴定的相关知识；

（三）具有良好的职业品德。

第二十五条　设区的市级劳动能力鉴定委员会收到劳动能力鉴定申请后，应当从其建立的医疗卫生专家库中随机抽取 3 名或者 5 名相关专家组成专家组，由专家组提出鉴定意见。设区的市级劳动能力鉴定委员会根据专家组的鉴定意见作出工伤职工劳动能力鉴定结论；必要时，可以委托具备资格的医疗机构协助进行有关的诊断。

设区的市级劳动能力鉴定委员会应当自收到劳动能力鉴定申请之日起60日内作出劳动能力鉴定结论，必要时，作出劳动能力鉴定结论的期限可以延长30日。劳动能力鉴定结论应当及时送达申请鉴定的单位和个人。

第二十六条 申请鉴定的单位或者个人对设区的市级劳动能力鉴定委员会作出的鉴定结论不服的，可以在收到该鉴定结论之日起15日内向省、自治区、直辖市劳动能力鉴定委员会提出再次鉴定申请。省、自治区、直辖市劳动能力鉴定委员会作出的劳动能力鉴定结论为最终结论。

第二十七条 劳动能力鉴定工作应当客观、公正。劳动能力鉴定委员会组成人员或者参加鉴定的专家与当事人有利害关系的，应当回避。

第二十八条 自劳动能力鉴定结论作出之日起1年后，工伤职工或者其近亲属、所在单位或者经办机构认为伤残情况发生变化的，可以申请劳动能力复查鉴定。

第二十九条 劳动能力鉴定委员会依照本条例第二十六条和第二十八条的规定进行再次鉴定和复查鉴定的期限，依照本条例第二十五条第二款的规定执行。

第五章 工伤保险待遇

第三十条 职工因工作遭受事故伤害或者患职业病进行治疗，享受工伤医疗待遇。

职工治疗工伤应当在签订服务协议的医疗机构就医，情况紧急时可以先到就近的医疗机构急救。

治疗工伤所需费用符合工伤保险诊疗项目目录、工伤保险药品目录、工伤保险住院服务标准的，从工伤保险基金支付。工伤保险诊疗项目目录、工伤保险药品目录、工伤保险住院服务标准，由国务院社会保险行政部门会同国务院卫生行政部门、食品药品监督管理部门等部门规定。

职工住院治疗工伤的伙食补助费，以及经医疗机构出具证明，报经办机构同意，工伤职工到统筹地区以外就医所需的交通、食宿费用从工伤保险基金支付，基金支付的具体标准由统筹地区人民政府规定。

工伤职工治疗非工伤引发的疾病，不享受工伤医疗待遇，按照基本医疗保险办法处理。

工伤职工到签订服务协议的医疗机构进行工伤康复的费用，符合规定的，从工伤保险基金支付。

第三十一条 社会保险行政部门作出认定为工伤的决定后发生行政复议、行政诉讼的，行政复议和行政诉讼期间不停止支付工伤职工治疗工伤的医疗费用。

第三十二条 工伤职工因日常生活或者就业需要，经劳动能力鉴定委员会确认，可以安装假肢、矫形器、假眼、假牙和配置轮椅等辅助器具，所需费用按照国家规定的标准从工伤保险基金支付。

第三十三条 职工因工作遭受事故伤害或者患职业病需要暂停工作接受工伤医疗的，在停工留薪期内，原工资福利待遇不变，由所在单位按月支付。

停工留薪期一般不超过12个月。伤情严重或者情况特殊，经设区的市级劳动能力鉴定委员会确认，可以适当延长，但延长不得超过12个月。工伤职工评定伤残等级后，停发原待遇，按照本章的有关规定享受伤残待遇。工伤职工在停工留薪期满后仍需治疗的，继续享受工伤医疗待遇。

生活不能自理的工伤职工在停工留薪期需要护理的，由所在单位负责。

第三十四条 工伤职工已经评定伤残等级并经劳动能力鉴定委员会确认需要生活护理的，从工伤保险基金按月支付生活护理费。

生活护理费按照生活完全不能自理、生活大部分不能自理或者生活部分不能自理3个不同等级支付，其标准分别为统筹地区上年度职工月平均工资的50%、40%或者30%。

第三十五条 职工因工致残被鉴定为一级至四级伤残的，保留劳动关系，退出工作岗位，享受以下待遇：

（一）从工伤保险基金按伤残等级支付一次性伤残补助金，标准为：一级伤残为27个月的本人工资，二级伤残为25个月的本人工资，三级伤残为23个月的本人工资，四级伤残为21个月的本人工资；

（二）从工伤保险基金按月支付伤残津贴，标准为：一级伤残为本人工资的90%，二级伤残为本人工资的85%，三级伤残为本人工资的80%，四级伤残为本人工资的75%。伤残津贴实际金额低于当地最低工资标准的，由工伤保险基金补足差额；

（三）工伤职工达到退休年龄并办理退休手续后，停发伤残津贴，按照国家有关规定享受基本养老保险待遇。基本养老保险待遇低于伤残津贴的，由工伤保险基金补足差额。

职工因工致残被鉴定为一级至四级伤残的，由用人单位和职工个人以伤残津贴为基数，缴纳基本医疗保险费。

第三十六条 职工因工致残被鉴定为五级、六级伤残的，享受以下待遇：

（一）从工伤保险基金按伤残等级支付一次性伤残补助金，标准为：五级伤残为18个月的本人工资，六级伤残为16个月的本人工资；

（二）保留与用人单位的劳动关系，由用人单位安排适当工作。难以安排工作的，由用人单位按月发给伤残津贴，标准为：五级伤残为本人工资的70%，六级伤残为本人工资的60%，并由用人单位按照规定为其缴纳应缴纳的各项社会保险费。伤残津贴实际金额低于当地最低工资标准的，由用人单位补足差额。

经工伤职工本人提出，该职工可以与用人单位解除或者终止劳动关系，由工伤保险基金支付一次性工伤医疗补助金，由用人单位支付一次性伤残就业补助金。一次性工伤医疗补助金和一次性伤残就业补助金的具体标准由省、自治区、直辖市人民政府规定。

第三十七条 职工因工致残被鉴定为七级至十级伤残的，享受以下待遇：

（一）从工伤保险基金按伤残等级支付一次性伤残补助金，标准为：七级伤残为13个月的本人工资，八级伤残为11个月的本人工资，九级伤残为9个月的本人工资，十级伤残为7个月的本人工资；

（二）劳动、聘用合同期满终止，或者职工本人提出解除劳动、聘用合同的，由工伤保险基金支付一次性工伤医疗补助金，由用人单位支付一次性伤残就业补助金。一次性工伤医疗补助金和一次性伤残就业补助金的具体标准由省、自治区、直辖市人民政府规定。

第三十八条 工伤职工工伤复发，确认需要治疗的，享受本条例第三十条、第三十二条和第三十三条规定的工伤待遇。

第三十九条 职工因工死亡，其近亲属按照下列规定从工伤保险基金领取丧葬补助金、供养亲属抚恤金和一次性工亡补助金：

（一）丧葬补助金为6个月的统筹地区上年度职工月平均工资；

（二）供养亲属抚恤金按照职工本人工资的一定比例发给由因工死亡职工生前提供主要生活来源、无劳动能力的亲属。标准为：配偶每月40%，其他亲属每人每月30%，孤寡老人或者孤儿每人每月在上述标准的基础上增加10%。核定的各供养亲属的抚恤金之和不应高于因工死亡职工生前的工资。供养亲属的具体范围由国务院社会保险行政部门规定；

（三）一次性工亡补助金标准为上一年度全国城镇居民人均可支配收入的20倍。

伤残职工在停工留薪期内因工伤导致死亡的，其近亲属享受本条第一款规定的待遇。

一级至四级伤残职工在停工留薪期满后死亡的，其近亲属可以享受本条第一款第（一）项、第（二）项规定的待遇。

第四十条 伤残津贴、供养亲属抚恤金、生活护理费由统筹地区社会保险行政部门根据职工平均工资和生活费用变化等情况适时调整。调整办法由省、自治区、直辖市人民政府规定。

第四十一条 职工因工外出期间发生事故或者在抢险救灾中下落不明的，从事故发生当月起3个月内照发工资，从第4个月起停发工资，由工伤保险基金向其供养亲属按月支付供养亲属抚恤金。生活有困难的，可以预支一次性工亡补助金的50%。职工被人民法院宣告死亡的，按照本条例第三十九条职工因工死亡的规定处理。

第四十二条 工伤职工有下列情形之一的，停止享受工伤保险待遇：

（一）丧失享受待遇条件的；

（二）拒不接受劳动能力鉴定的；

（三）拒绝治疗的。

第四十三条 用人单位分立、合并、转让的，承继单位应当承担原用人单位的工伤保险责任；原用人单位已经参加工伤保险的，承继单位应当到当地经办机构办理工伤保险变更登记。

用人单位实行承包经营的，工伤保险责任由职工劳动关系所在单位承担。

职工被借调期间受到工伤事故伤害的，由原用人单位承担工伤保险责任，但原用人单位与借调单位可以约定补偿办法。

企业破产的，在破产清算时依法拨付应当由单位支付的工伤保险待遇费用。

第四十四条 职工被派遣出境工作，依据前往国家或者地区的法律应当参加当地工伤保险的，参加当地工伤保险，其国内工伤保险关系中止；不能参加当地工伤保险的，其国内工伤保险关系不中止。

第四十五条 职工再次发生工伤，根据规定应当享受伤残津贴的，按照新认定的伤残等级享受伤残津贴待遇。

职业病鉴定流程简明图

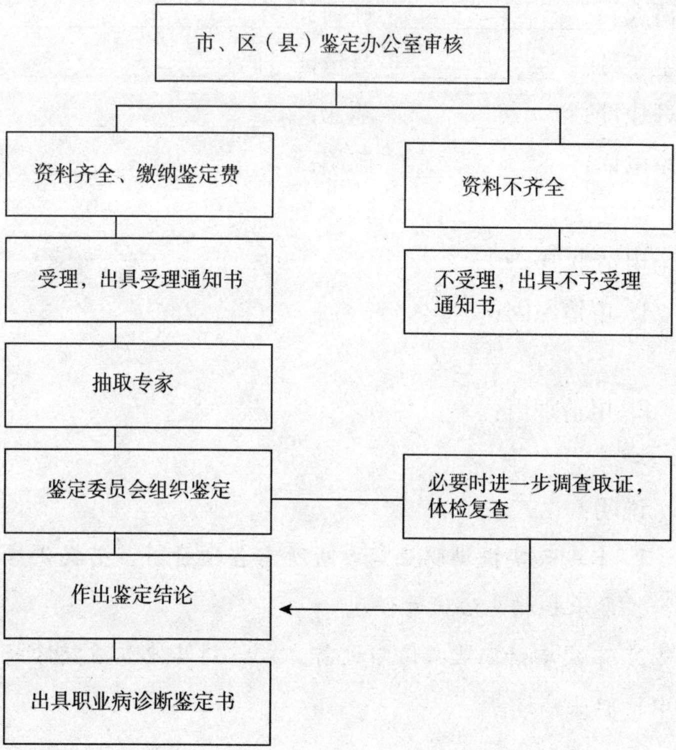
市、区（县）鉴定办公室审核
资料齐全、缴纳鉴定费
资料不齐全
受理，出具受理通知书
不受理，出具不予受理通知书
抽取专家
鉴定委员会组织鉴定
必要时进一步调查取证，体检复查
作出鉴定结论
出具职业病诊断鉴定书

职业病鉴定申请书（劳动者参考文本）

申请人：＿＿＿＿＿＿ 性别：＿＿＿＿＿＿＿＿

出生年月：＿＿＿＿＿ 身份证号码：＿＿＿＿＿＿

家庭住址：＿＿＿＿＿ 职业：＿＿＿＿＿＿＿＿

联系电话：＿＿＿＿＿ 邮编：＿＿＿＿＿＿＿＿

申请事项：

1. 申请原因：

2. 申请理由：

说明：

1. 本人如实提供职业病诊断所需各项资料，若提供虚假资料，愿承担相应法律责任。

2. 本次申请职业病诊断之前，未曾到其他职业病诊断机构申请职业病诊断。

申请人签字（盖章）：

年　月　日